신세대를 위한 알뜰정보

가 계 부

_____ 님에게

_____ 드립니다

녹차를 이용한 생활 속 아이디어

●● '묵은 때·냄새 제거, 카펫 청소까지'

예로부터 '만병지약(萬病之藥)'으로 불렸던 녹차는 식용으로서의 가치뿐 아니라, 민간요법이나 가정생활에도 널리 이용되어 왔다. 생활 속에서 요긴하게 쓸 수 있는 녹차 활용법

●● 싱크대에 찌꺼기이 쌓인 묵은 때를 제거하려면?

먹다 남은 찻잎으로 청소를 하면 효과적. 녹차에는 지방을 제거하는 성분이 들어 있다. 차를 우려내고 남은 찻잎을 싱크대 위에 뿌리고 스펀지로 가볍게 문질러주면 간단히 기름기를 제거할 수 있다.

●● 화장실이나 냉장고에서 냄새가 난다?

찻잎 찌꺼기를 버리지 말고 말려두었다가 작은 망에 담아 냉장고나 화장실에 넣어둔다. 찻잎에는 강한 수렴성이 있어 냉장고의 반찬 냄새를 비롯해 화장실의 나쁜 냄새도 흡수해 버린다. 그래서 녹차를 탈 때는 스킨이나 로션을 바른 손으로 타서는 안된다. 스킨, 로션 냄새가 찻물을 통해 입 속으로 전달되기 때문. 마찬가지 이유로 향수를 뿌린 사람 앞에서는 차통에서 차를 꺼내지 않는 것이 예법.

●● 주방용품을 오래 보관할 때

사용하지 않는 냄비나 도자기 제품, 주전자 등에 녹차 한 스푼을 넣어두면 아무리 오래 보관해도 냄새가 나지 않는다. 또 한동안 사용하지 않았던 주전자나 프라이팬, 그릇 등은 특유의 냄새가 나는데 사용하기 전에 녹차 우린 물로 닦아내면 쉽게 냄새를 지울 수 있다.

●● 신발 냄새를 없애고 싶을 때

신발에서 냄새가 날 경우에는 녹차 잎을 싸서 신발바닥에 깔면 냄새가 사라진다. 냄새를 미리 예방하기 위해 깔아두는 것도 좋다. 신발장에서 냄새가 날 때는 찻잎 찌꺼기를 말려 망사에 넣어 신발장 안에 넣어둔다.

●● 때 지난 카펫 청소하기

차를 우려내고 남은 찻잎을 버리지 말고 물기를 꼭 짜서 카펫 위에 고루 뿌려 둔다. 3시간쯤 지나 찻잎을 이리저리 굴려서 먼지나 세균을 흡착시킨다. 그후 청소기로 찻잎을 털어내고 통풍이 잘 되는 곳에 카펫을 두어 말렸다가 돌돌 말아 넣어둔다. 다음 겨울까지 깨끗하게 보관할 수 있다.

●● 야채나 과일에 묻은 농약이 걱정될 때

찻잎을 우렸다가 그 물로 헹궈주면 농약 걱정이 없다. 녹차에는 사포닌이라는 성분이 들어 있는데 이 성분은 비누의 재료로도 쓰인다. 사포닌은 강력한 계면활성을 지녀 세균 번식과 강물이 오염되는 것을 막을 뿐 아니라, 피부를 보호해주는 효과도 있다. 야채나 과일 씻을 때만이 아니라 찻잎 찌꺼기로 부엌 청소를 해도 좋다. 세제용으로 그만.

●● 그릇의 녹을 방지하고 싶을 때

철제 주전자나 기구는 오래 방치해두면 바로 녹이 슬게 된다. 차를 우린 물로 한번 닦아두면 찻잎 중의 폴리페놀 성분과 철이 결합해 표면에 막을 형성하게 되어 녹이 슬지 않는다.

●● 장롱 속에 곰팡이가 피었다?

머지않아 장마철이 시작되면 습기 때문에 집안 곳곳이 눅눅해지며 장롱이나 옷장 서랍 등에 곰팡이가 피기 쉽다. 장롱 문을 여닫을 때마다 나는 곰팡이 냄새는 불쾌감을 더해주는데 이때에는 찻잎을 말려두었다가 망사 주머니에 넣어 장롱 속에 걸어둔다. 찻잎의 타닌 성분과 엽록소의 강력한 흡수력이 곰팡이 냄새를 없애준다. 뿐만 아니라 은은한 향기가 옷에 배어 입을 때마다 기분이 상쾌해진다. 또 옷장 서랍에 말려 둔 찻잎을 골고루 펴고 종이 한장을 덮은 후, 그 위에 옷을 보관하면 좀 벌레나 곰팡이가 생기지 않고 옷의 변색도 막아준다.

●● 무좀이나 기저귀 발진 등의 피부질환으로 고생할 때

차 찌꺼기를 주전자에 넣고 아주 진하게 끓여서 세숫대야에 넣고 발을 담근다. 살균, 수렴 작용을 하는 찻잎의 카테킨이라는 성분에 의해 무좀균의 증식이 억제된다. 또한 가벼운 피부질환에도 효과적. 기저귀로 인해 유아의 엉덩이가 짓무를 경우 찻잎을 곱게 갈아서 바르면 쉽게 치료가 된다. 비듬으로 고생을 할 때도 효과적. 머리를 감을 때 미리 우려놓은 찻물로 헹구어내면 머릿결이 부드러워지고 윤기가 생기며 비듬 발생이 적어진다.

●● 벌레에 물렸을 때

모기나 개미 등의 벌레에 물렸을 때는 찻잎을 진하게 우려 물린 곳에 발라준다. 해독작용과 진정작용으로 붓지도 않고 독성이 쉽게 풀린다. 또 야외에 놀러 갔을 때, 찻잎 찌꺼기를 버리지 말고 말려두었다가 모깃불처럼 태우면 모기는 물론 성가시게 하는 각종 벌레들까지 얼씬하지 않는다.

●● 입안에서 냄새가 날 때

마늘이나 양파 등 향이 짙은 음식을 먹은 후 찻잎을 씹어주면 4~5분 내에 냄새가 없어진다.

●● 불면증에 시달릴 때

우려 마시고 난 찻잎을 잘 말려서 베갯속으로 이용한다. 녹차 향으로 기분이 좋아질 뿐 아니라 잠을 부르는 작용이 있어 불면증에 좋다.

가계부 이렇게 쓰세요

● 가계부 기록의 필요성

나날이 고도화 되어가고 다양화 되어가는 현대 생활, 그 속에서 바쁘게 돌아가는 경제상황은 결코 알뜰 주부의 사정을 고려해 준지 않습니다.
따라서 자칫하면 적자 가계가 되기 쉬우므로 주부들의 계획적이고 지혜로운 가계 운영이 필요한 것입니다. 가계관리란 수입이 많고 적음에 관계없이 자기 집의 경제 사정에 맞추어 필요한 저축을 하면서 과소비를 억제하여 알뜰하고 충실한 생활을 할 수 있도록 합리적인 가계운영을 하는 것입니다.
생활의 여러부분을 유기적으로 파악하고 그 실태를 매일 가계부에 기록하여 그것을 토대로 보다 효과적인 가계 운영을 하기 위해 가계부의 기록은 꼭 필요한 것입니다.

● 매일 매일의 기록이 중요

가계부 기록중 중요한 것은 매일의 수입과 지출을 기록하는 것입니다. 하루 일과가 바쁘다 보면 정신이 없어 기록하지 못하고 지나쳐버리는 경우가 있으므로 낮에는 시간나는 대로 메모를 해 두었다가 저녁 잠자리에 들기 전에는 반드시 정리하는 습관을 갖는 것이 중요합니다.

● 자신의 수준에 맞게 기록

가계부의 기록은 자신의 가정에 맞게 자유롭게 쓰는 것이 좋습니다. 즉, 초보자는 매일 현금의 수입과 지출만이라도 기록하여 일주일간의 수입과 지출의 합계를 계산하여 현금과 맞춰보도록 하고 어느 정도 기록이 습관화 된 사람은 수입과 지출뿐만 아니라 현금 외의 수입과 지출도 일기 및 수지메모란에 기입하고 수지정리표에도 매주 기록 정리합니다.

● 항목 분류의 집계

매일 매일의 현금 수입과 지출은 항목 분류에 의하여 분류정리합니다. 이때 주의할 것은 한번 정한 항목은 1년간 계속 그대로 지켜야 그 항목에 관련된 쓰임새를 알 수 있다는 것입니다.

● 기록후 반드시 가계생활의 반성을 거쳐야

가계부의 기록은 한해의 계획을 세워 목표를 달성해 가는 하나의 지표로서 이용될 수 있도록 해야하며, 매주 수지정리와 결산을 통해 흑자, 적자의 원인을 찾아서 그것을 수정해 나가도록 하는 가계생활의 반성과 계획적인 가계운영의 길잡이로 활용되어야 합니다. 매일 매일의 기록을 습관화 시켜가면서 좀더 세부적으로 기록하는 것이 알뜰 살림을 위해 좋습니다.

● 가계부 항목 분류는 이렇게 한다.

수 입

- 소득 : 월급, 상여금, 이자나 배당금 등 현금 수입액, 현물 등의 수입액
- 저축 인출 : 예금, 적금 등의 인출
- 차입 : 남에게 빌린돈

지 출

- 세금 · 공과금 : 소득세, 주민세 등의 각종 세금, 적십자 회비, 사회 보험료, 기타 공공 부담금
- 식비 : 주 · 부식, 쌀, 보리, 국수, 빵, 고기, 생선, 계란, 우유, 채소 및 해조류, 식용유, 가공식품, 조미료 등 아이들 간식용 과자, 사탕, 아이스크림 및 음료, 주류, 외식, 학급 급식, 직장 급식 등 끼니를 위해 먹는 음식비
- 주거비 : 집세, 부엌용품, 가구 집기, 집 · 가구 등의 수리비, 아파트 관리비, 화재보험료
- 전기, 가스, 수도료 : 전기요금, 수도요금, 가스요금, 석유, 연탄 등
- 의복비 : 옷값 일체, 양말, 침구, 신발, 의류 수리, 세탁비, 장신구, 가방, 수건 등
- 보건 위생비 : 의료비, 약품, 목욕비, 화장품, 비누, 소독비, 청소비, 치약, 칫솔 등
- 교육 : 학비, 학용품비, 교과서, 참고서대, 학원비, 놀이감 구입비 등
- 문화생활비 : 서적, 신문, 잡지, TV 시청료, 영화, 음악회, 레크레이션 비용, 주부 학원 수강료, 사진 현상, 인화료 등
- 교제비 : 경조사비, 손님 접대비, 각종 회비, 사회 봉사비
- 교통 · 통신비 : 각종 교통비, 전화 요금, 우편 요금
- 기타 : 가정마다 별도로 설치할 필요가 있는 항목, 육아비, 자동차 관리비, 용돈, 잡지 등을 임의로 설정해 독립 항목으로 처리함
- 특별비 : 내구 소재비 구입, 결혼 피로연 비용, 장례비용 등

저 축

- 저축성 예금 : 정기적금, 정기 예금, 생명보험료, 주식 및 채권 등의 유가증권 구입
- 요구불 예금 : 저축예금, 자유저축예금
- 차입금 상환 : 차입금

■ 1년간 월별수지 결산표 ■

		월 예 산	예산수정	1월	2월	3월	4월	5월	6월
가족총수입	고 정 수 입								
	기 타 수 입								
	지난달 남은돈								
	수 입 합 계								
생활지출비	장보기								
	합 계								
	의 복 비								
	보건위생비								
	주거·공과비								
	유아·교육비								
	문화·레저비								
	교통·통신비								
	가족용돈								
	축하·경조비								
	신용카드								
	저축보험비								
	기 타								
	지출예산합계								
	예 비 비								
	이달의 남은돈								

memo

7월	8월	9월	10월	11월	12월	연간합계	예산·결산차액	월평균결산

■ 전기·가스·수도·전화사용 일람표 ■

종류 월	아파트 관 리 비	전 기		가 스		수 도		전 화		기 름		연 탄		( )	
		사용량	요금	사용량	요금	사용량	요금	사용량	요금	사용량	요금	사용량	요금	사용량	요금
1월															
2월															
3월															
4월															
5월															
6월															
7월															
8월															
9월															
10월															
11월															
12월															
합계															

■ 각종 저축예금·보험료 일람표 ■

은행	종류·기호·번호	계약일	만기일	금 액	이율	1회불입액	공과금수수료 자동입금계좌	명 의	인 감	비 고

■ 주식 · 채권 · 투자신탁 일람표 ■

날짜	종류 · 액면가	이 름	금 액	만기 · 매각액	배 당	결산액	비고(구좌)

■ 아프터 서비스점 기록표 ■

회 사 명	전 화 번 호	회 사 명	전 화 번 호

■ 카드명과 카드번호 ■

카 드 명	카 드 번 호	만 기 일

■ 가족 개인별 지출 ■

이 름	내역＼월	1월	2월	3월	4월	5월	6월
	용　돈						
	의 복 비						
	교 통 비						
	문화교제						
	기　타						
	합　계						
	용　돈						
	의 복 비						
	교 통 비						
	문화교제						
	기　타						
	합　계						
	용　돈						
	의 복 비						
	교 통 비						
	문화교제						
	기　타						
	합　계						
	용　돈						
	의 복 비						
	교 통 비						
	문화교제						
	기　타						
	합　계						
	용　돈						
	의 복 비						
	교 통 비						
	문화교제						
	기　타						
	합　계						

memo

7월	8월	9월	10월	11월	12월	합 계

memo

■ 신용카드 사용기록 ■

카드명				
카드명의				
카드번호				
사용한도				
결제계좌				
결제일				
카드회사Tel				

구입일	사용카드	상품명	금액	기타	구입일	사용카드	상품명	금액	기타

memo

■ 저축 · 정기예금 · 적금리스트 ■

금융기관 이름	예금종류 · 계좌번호	만기금액	1회 불입액	명의	계약일	만기일

■ 보험리스트 ■

보험회사 이름	종류 · 증권번호	총보험금	월보험료	계약일	만기일	피보험자

■ 대출금 · 활부금 반환리스트 ■

내용	총액	총보험금	기간	날짜	계좌번호

memo

■ 차량유지비 일람표 ■

차량유지내역		월	1월				월합계	2월				월합계	3월			
연료비	일 자															
	연료 주입시 주행거리(km)															
	기름량 ℓ															
	금 액															
관리비	세금·보험료															
	수 리 비															
	주 차 비															
	세 차 비															
	기 타															
총 경 비																

알뜰운전메모
월초주행거리(km)
월간주행거리(km)
월말주행거리(km)

차량유지내역		월	7월				월합계	8월				월합계	9월			
연료비	일 자															
	연료 주입시 주행거리(km)															
	기름량 ℓ															
	금 액															
관리비	세금·보험료															
	수 리 비															
	주 차 비															
	세 차 비															
	기 타															
총 경 비																

알뜰운전메모
월초주행거리(km)
월간주행거리(km)
월말주행거리(km)

월합계	4월			월합계	5월			월합계	6월			월합계

월합계	10월			월합계	11월			월합계	12월			월합계

■ 보너스 사용계획 ■

		( )보너스 지급 월 일		( )보너스 지급 월 일		( )보너스 지급 월 일
수 입	총 액					
	소 득 세					
	주 민 세					
	기타공제					
	공제총액					
	실수령액					

	일자	내 용	금 액	일자	내 용	금 액	일자	내 용	금 액
지 출									
합 계									
남은돈									

memo

		( )보너스 지급 월 일		( )보너스 지급 월 일		( )보너스 지급 월 일	
수 입	총 액						
	소득세						
	주민세						
	기타공제						
	공제총액						
	실수령액						

	일자	내 용	금 액	일자	내 용	금 액	일자	내 용	금 액
지 출									
합 계									
남은돈									

memo

■ 가족행사 기념일 (생일·결혼·기념일·기일)

이 름	행 사 일	내용·계획

이 름	행 사 일	내용·계획

■ 선물·축의금 일람표

날 짜	받은 사람	행 사 명	보낸 선물 내용	받은 선물 내용	비고

■ 메모해 두어야 할 통장계좌번호

이 름	은 행	계좌번호	이 름	은 행	계좌번호

1 January 예산 · 결산

내용 · 계획	예산	결산	비고
정기수입			
기타수입			
지난달 남은돈			
수입 합계			

	예산	결산	비고
주식비			
부식비			
기호품			
외식비			
의복비			
보건위생비			
주거 · 공과비			
육아 · 교육비			
문화 · 레저비			
교통 · 통신비			
가족 용돈			
경조비			
저축 · 보험비			
기타			
특별비			
저축 저축성예금			
요구불예금			
차입금 상환			
지출 합계			

현재 남은 돈	

이달에 해야 할일

1.
2.
3.
4.
5.
6.
7.
8.
9.
10.
11.
12.
13.
14.
15.
16.
17.
18.
19.
20.
21.
22.
23.
24.
25.
26.
27.
28.
29.
30.
31.

January 1

새우완자탕

◀ 재 료

새우250g, 달걀흰자1개분, 대파2뿌리, 죽순1개, 표고4개, 청경채2포기, 녹말1/4컵, 생강즙 약간, 간장2큰술, 소금 참기름 약간씩

◀ 만들기

1. 새우는 곱게 다진다.
2. 다진 새우에 소금, 후춧가루, 녹말, 달걀흰자를 넣어 반죽 한다.
3. 반죽한 새우를 동그랗게 완자로 만든다.
4. 청경채는 끓는 물에 살짝 데쳐 반으로 썬다.
5. 표고버섯은 미지근한 물에 불리고 물기를 꼭 짠 후 저며 썰고, 대파는 어슷썬다. 죽순도 모양을 살려 적당한 굵기로 썬다.
6. 끓는 물 5컵에 완자를 넣어 익혀 건진다.
7. ⑥의 끓는 육수에 새우완자와 죽순, 표고버섯, 청경채, 대파를 넣고 간장, 소금으로 간을 한다.
8. 불을 끄고 참기름 1방울을 떨어 뜨린다.

* 반죽을 충분히 치댈수록 끈기가 생겨, 완자 모양이 부서지지 않는답니다.

	1 요일		2 요일		3 요일	
	내 용	금 액	내 용	금 액	내 용	금 액
❶ 고정수입						
❷ 기타수입						
❸ 주식비						
❹ 부식비						
❺ 기타(기호품)						
❻ 외식비						
❼ 식비합계						
❽ 의복비						
❾ 보건위생비						
❿ 주거·공과비						
⑪ 육아·교육비						
⑫ 문화·레저비						
⑬ 교통·통신비						
⑭ 가족용돈						
⑮ 축하·경조비						
⑯ 신용카드						
⑰ 저축·보험비						
⑱ 기타						
⑲ 지출합계						
⑳ 현재남은돈						

오늘의 메모

4	요일	5	요일	6	요일	7	요일	모든 사람은 무언가를 사랑하고 있을 때는 시인이 된다. - 플라톤 -	
내용	금액	내용	금액	내용	금액	내용	금액	주계	누계

새해 인사를 다닐 때나 집에서 손님을 맞을 때도 가능하면 한복을 입는다. 너무 요란한 한복보다 단정하면서 품위있는 분위기의 것을 선택한다.

January 1

감자그라탕

◀ 재료

감자 4개, 새우살 100g, 햄 100g, 모짜렐라치즈 200g, 파슬리가루 약간, 식용유 1큰술, 버터 1작은술

◀ 만들기

1. 감자 3개는 껍질을 벗겨 푹 삶아 으깨 굵은 체에 내린다.
2. 감자 1개는 껍질을 벗겨 굵게 채썰어 놓는다.
3. 새우살은 깨끗이 손질하여 씻어 물기를 뺀다.
4. 햄은 어슷 썰어 준비하고, 모짜렐라 치즈도 준비한다.
5. 그라탕 용기에 버터를 얇게 바르고 감자, 새우살, 햄을 고루섞어 넣는다.
6. 맨 위에 모짜렐라 치즈를 얹는다.
7. 200도로 예열된 오븐에 10분간 구워 파슬리 가루를 뿌려낸다.

	8 요일		9 요일		10 요일	
	내용	금액	내용	금액	내용	금액
❶ 고정수입						
❷ 기타수입						
❸ 주식비						
❹ 부식비						
❺ 기타(기호품)						
❻ 외식비						
❼ 식비합계						
❽ 의복비						
❾ 보건위생비						
❿ 주거·공과비						
⓫ 육아·교육비						
⓬ 문화·레저비						
⓭ 교통·통신비						
⓮ 가족용돈						
⓯ 축하·경조비						
⓰ 신용카드						
⓱ 저축·보험비						
⓲ 기타						
⓳ 지출합계						
⓴ 현재남은돈						

오늘의 메모

11	요일	12	요일	13	요일	14	요일	가장 귀중한 사랑의 가치는 희생과 헌신이다. - 그라시안 -	
내 용	금 액	내 용	금 액	내 용	금 액	내 용	금 액	주 계	누계
①									
②									
③									
④									
⑤									
⑥									
⑦									
⑧									
⑨									
⑩									
⑪									
⑫									
⑬									
⑭									
⑮									
⑯									
⑰									
⑱									
⑲									
⑳									

정월차례는 날이 밝은 아침에 밥대신 떡국으로 올리는 것이 보통 기일 제사와 다른 점이다. 그리고 차례를 지내고 남은 음식은 오래 두지 말고 빨리 처분한다.

January 1

볶음밥 달걀말음

◀ 재료

밥 1인분, 달걀1개, 당근 50g, 표고버섯3장, 완두콩 1/4C, 양파1/2개, 토마토케첩3TS, 식용유, 소금, 후추, 고구마100g(1/2개), 오이 1/2개, 레디쉬1개, 튀김기름, 소금, 후추

◀ 만들기

1. 표고는 물에 불려 꼭지를 떼고 물기를 짠 후 잘게 다진다.
2. 완두콩은 소금물에 삶아 놓고, 당근, 양파는 잘게 썬다.
3. 사각 팬에 기름을 넣고 팬이 뜨거워지면 달걀을 넣어 지단을 부쳐 김발로 편편하게 눌러 놓는다.
4. 오목한 팬에 야채를 넣어 볶다가 야채가 익으면 완두콩을 넣는다.
5. ④에 밥을 넣고 고루 볶은 후 케첩을 넣어 섞으면서 소금, 후추로 양념한다.
6. 김발에 달걀 지단을 펴 놓고, ⑤의 볶음밥을 놓고 김발로 둥글게 말아 한 입 크기로 썬다.
7. 고구마는 둥글게 썰어 기름에 두 번 튀겨 낸다.
8. 도시락에 볶음밥 달걀말음을 담고, 고구마튀김과 오이을 곁들여 담는다.
9. 레디쉬는 윗부분에 잘게 칼집을 넣어 도려 내어 도시락을 장식한다.

	15 요일		16 요일		17 요일	
	내 용	금 액	내 용	금 액	내 용	금 액
❶ 고정수입						
❷ 기타수입						
❸ 주식비						
❹ 부식비						
❺ 기타(기호품)						
❻ 외식비						
❼ 식비합계						
❽ 의복비						
❾ 보건위생비						
❿ 주거·공과비						
⓫ 육아·교육비						
⓬ 문화·레저비						
⓭ 교통·통신비						
⓮ 가족용돈						
⓯ 축하·경조비						
⓰ 신용카드						
⓱ 저축·보험비						
⓲ 기타						
⓳ 지출합계						
⓴ 현재남은돈						

오늘의 메모

	18	요일	19	요일	20	요일	21	요일	자기 희생을 하는 사람들에 의해서만 인류 사회는 개선될 수 있다. - 톨스토이 -	
	내용	금액	내용	금액	내용	금액	내용	금액	주계	누계
①										
②										
③										
④										
⑤										
⑥										
⑦										
⑧										
⑨										
⑩										
⑪										
⑫										
⑬										
⑭										
⑮										
⑯										
⑰										
⑱										
⑲										
⑳										

이불잇에 풀을 먹이면 빳빳해서 쾌적한 느낌을 주지만 어딘지 모르게 끈적한 느낌을 준다. 이때 소금을 조금 넣고 풀을 먹이면 끈적거리지 않고 다림질도 잘 된다.

January 1

김치고로케

◀ 재료
김치200g, 감자2개, 피망1/4개, 참치캔1/2캔, 밀가루5큰술, 달걀1개, 빵가루1컵, 튀김기름

◀ 만들기
1. 김치는 두 번 정도 물에 씻어 잘게 썰어 놓는다.
2. 감자는 냄비에 물을 충분히 붓고 삶아서 익혀 뜨거울 때 체에 내린다.
3. 참치는 체에 내려 기름을 빼고 피망은 잘게 다진다.
4. 김치, 참치, 감자, 피망을 섞어 동그란 모양으로 만든다.
5. 만든 완자에 밀가루를 골고루 묻히고 탁탁 털어 달걀물을 입힌다.
6. 달걀물을 입힌 완자에 빵가루를 꾹꾹 눌러 묻힌다.
7. 180도 튀김기름에 완자를 넣고 노릇하게 튀긴다.
8. 속재료는 다 익었기 때문에 겉에 색깔만 노릇하게 나면 된다.

* 감자는 뜨거울 때 잘라 체에 내리세요.
* 고로케는 높은 온도에서 재빨리 튀기세요.

	22 요일		23 요일		24 요일	
	내용	금액	내용	금액	내용	금액
❶ 고정수입						
❷ 기타수입						
❸ 주식비						
❹ 부식비						
❺ 기타(기호품)						
❻ 외식비						
❼ 식비합계						
❽ 의복비						
❾ 보건위생비						
❿ 주거·공과비						
⓫ 육아·교육비						
⓬ 문화·레저비						
⓭ 교통·통신비						
⓮ 가족용돈						
⓯ 축하·경조비						
⓰ 신용카드						
⓱ 저축·보험비						
⓲ 기타						
⓳ 지출합계						
⓴ 현재남은돈						

오늘의 메모

25	요일	26	요일	27	요일	28	요일	의심할 나위 없는 순수한 환희의 하나는 노동 후의 휴식이다. - 칸트 -		
내용	금액	내용	금액	내용	금액	내용	금액	주계	누계
①									
②									
③									
④									
⑤									
⑥									
⑦									
⑧									
⑨									
⑩									
⑪									
⑫									
⑬									
⑭									
⑮									
⑯									
⑰									
⑱									
⑲									
⑳									

난방을 많이 하는 때이므로 실내 기온과 밖과의 온도차가 심하다. 따라서 감기에 걸리기 쉽다. 밤에 잘 때 이불을 차지 않도록 한다.

January 1

오이소박이

◀ 재료

오이(조선오이 가는 것)4개, 소금2큰술, 부추100g, 다진파1큰술, 다진마늘1작은술, 생강1/2작은술, 고춧가루 1/2컵, 통깨1작은술

◀ 만들기

1. 오이는 통째로 소금으로 문질러서 깨끗이 씻는다.
2. 씻은 오이는 5cm 길이로 토막낸다.
3. 오이의 양끝을 1cm씩 남기고 열십자(十) 또는 세 갈래로 칼집을 넣어 소금물에 절인다.
4. 부추는 다듬어 5mm 길이로 썬다.
5. 파의 흰부분, 마늘, 생강을 곱게 다진다.
6. 고춧가루, 소금, 다진파, 다진마늘, 다진생강, 부추, 통깨를 넣어 버무려서 소를 만든다.
7. 절인 오이를 물기에 짜고 칼집 사이에 소를 고루 채워 넣어 준다.
8. 그릇에 완성된 오이 소박이를 담는다.
9. 소를 버무린 그릇에 물을 부어 양념을 씻은 후 소금물을 타서 오이소박이 위에 붓는다. 오이는 연한 소금물에 절여야 간이 골고루 잘들어요.

	29 요일		30 요일		31 요일	
	내용	금액	내용	금액	내용	금액
❶ 고정수입						
❷ 기타수입						
❸ 주식비						
❹ 부식비						
❺ 기타(기호품)						
❻ 외식비						
❼ 식비합계						
❽ 의복비						
❾ 보건위생비						
❿ 주거·공과비						
⓫ 육아·교육비						
⓬ 문화·레저비						
⓭ 교통·통신비						
⓮ 가족용돈						
⓯ 축하·경조비						
⓰ 신용카드						
⓱ 저축·보험비						
⓲ 기타						
⓳ 지출합계						
⓴ 현재남은돈						

오늘의 메모

교육의 목적은 각자의 자기의
교육을 계속 할 수 있도록
하는 것이다
- 듀이 -

	주계	누계
❶		
❷		
❸		
❹		
❺		
❻		
❼		
❽		
❾		
❿		
⓫		
⓬		
⓭		
⓮		
⓯		
⓰		
⓱		
⓲		
⓳		
⓴		

빨아도 잘 지워지지 않는 옷의 볼펜 자국은 집에 있는 물파스를 볼펜 자국 위에 두드리면 간단히 지울 수 있다.

행복한이야기 Memo

생활속의 지혜

⊙ 마늘 먹은 뒤 냄새 없애려면

마늘을 먹은 뒤 입에서 냄새가 심하게 나는 것은 마늘에 들어있는 아리나제라는 효소의 영향이 크다. 따라서 마늘을 먹은 뒤 우유를 마시면 단백질이 이 효소와 결합해 냄새를 없애는 것으로 알려져 있는데 실제 효과를 느끼기엔 미흡한 편이다. 오히려 차 잎을 입 안에 넣고 씹은 뒤 양치질을 하는 게 훨씬 효과적이다. 녹차 안에는 후라보노라이드라는 물질이 있어 마늘의 냄새를 흡수해 준다는 것이다.

⊙ 전화기 버튼사이 먼지 제거

전화기의 버튼 사이사이 등 먼지가 끼기 쉬운 곳은 면봉에 우유를 흐르지 않을 정도로 적셔 닦아 보자. 때가 말끔히 제거되는 것을 확인할 수 있을 것이다. 그 다음 젖은 헝겊으로 우유를 제거한다. 별로 때가 없는 곳은 면봉과 물만으로 닦아도 깨끗해진다. 수화기는 특히 귀와 입이 닿으면서 입김이나 인체의 기름기, 화장품 등이 묻어 더러워지기 쉽다. 기름기는 역시 우유로 닦으면 잘 빠진다.

⊙ 달걀 안깨지게 삶으려면?

달걀을 찌다보면 때로 껍질이 터져 달걀 속이 밖으로 흘러나오는 경우가 있다. 달걀 껍질이 터지는 것은 찌는 과정에서 달걀이 그릇에 부딪히거나 아니면 냉장고 속에 넣어뒀던 달걀을 갑자기 뜨거운 물 속에 넣을 때 껍질이 팽창하기 때문이다. 이 때 끓는 물에다 소금을 약간 넣거나 식초를 서너방울 떨어뜨리면 달걀이 깨져 속이 밖으로 흘러나오지 않고 그대로 잘 쪄진다.

⊙ 국수 쫄깃쫄깃하게 삶기

국수를 삶을 때는 면발의 찰기가 유지되도록 하는 것이 맛을 살리는 중요한 요령이다. 먼저 냄비에 물을 충분히 붓고 끓인 뒤 참기름이나 식용유를 한 숟가락 넣는다. 그런 다음 국수를 세워서 풀어넣고 5분 정도 끓이다 물이 넘으려 할 때 찬물을 한컵 정도 붓고 저어준다. 그리곤 국수가 다시 떠오를 때까지 끓인 뒤 즉시 건져내 찬물에 두번 정도 씻으면 면발이 쫄깃쫄깃해 진다.

2 February 예산 · 결산

내용 · 계획	예 산	결 산	비 고
정기수입			
기타수입			
지난달 남은돈			
수입 합계			

	예 산	결 산	비 고
주식비			
부식비			
기호품			
외식비			
의복비			
보건위생비			
주거 · 공과비			
육아 · 교육비			
문화 · 레저비			
교통 · 통신비			
가족 용돈			
경조비			
저축 · 보험비			
기타			
특별비			
저축 · 저축성예금			
저축 · 요구불예금			
차입금 상환			
지출 합계			

현재 남은 돈			

이달에 해야 할일

1.
2.
3.
4.
5.
6.
7.
8.
9.
10.
11.
12.
13.
14.
15.
16.
17.
18.
19.
20.
21.
22.
23.
24.
25.
26.
27.
28.
29.
30.
31.

February 2

콩 버섯조림

◀ 재료

혼합콩 1컵, 양송이버섯 2개, 생표고버섯 2개, 팽이버섯 30g, 다시마 국물 1컵, 설탕 1큰술, 소금 1작은술, 녹말가루 1큰술

◀ 만들기

1. 혼합콩은 다시마 국물을 넣고 삶는다.
2. 양송이버섯, 표고버섯은 작게 썰고, 팽이버섯은 밑동을 잘라내고 2등분한다.
3. 녹말가루에 같은 양의 물을 섞어 물녹말을 만든다.
4. ①에 ②의 재료를 넣고 설탕, 소금으로 간하여 끓이다가 ③의 물녹말을 넣어 걸쭉하게 조려낸다.

∗ Cooking Point

콩을 먼저 조리다가 버섯을 넣고 살짝 조려야 버섯의 모양새와 향을 살릴 수 있다.

	1 요일		2 요일		3 요일	
	내용	금액	내용	금액	내용	금액
① 고정수입						
② 기타수입						
③ 주식비						
④ 부식비						
⑤ 기타(기호품)						
⑥ 외식비						
⑦ 식비합계						
⑧ 의복비						
⑨ 보건위생비						
⑩ 주거·공과비						
⑪ 육아·교육비						
⑫ 문화·레저비						
⑬ 교통·통신비						
⑭ 가족용돈						
⑮ 축하·경조비						
⑯ 신용카드						
⑰ 저축·보험비						
⑱ 기타						
⑲ 지출합계						
⑳ 현재남은돈						

오늘의 메모

4	요일	5	요일	6	요일	7	요일	수면은 차용해 온 한 조각 죽음이다. — 쇼펜하우어 —	
내용	금액	내용	금액	내용	금액	내용	금액	주계	누계
①									
②									
③									
④									
⑤									
⑥									
❼									
⑧									
⑨									
⑩									
⑪									
⑫									
⑬									
⑭									
⑮									
⑯									
⑰									
⑱									
❾									
⑳									

당근의 독특한 냄새를 없애려면 물 속에 푹 담가 하루나 이틀쯤 서늘한 장소에 두었다가 꺼내 쓰면 냄새가 말끔히 가시고 생으로도 맛있게 먹을 수 있다.

February 2

갈치포조림

◀ 재료

갈치포 3마리, 마늘 3쪽, 꽈리고추 10개, 간장 3큰술, 고춧가루 1큰술, 맛술 2큰술, 물엿 2큰술, 물 3/4컵

◀ 만들기

1. 갈치포는 3~4개로 토막 낸 후 물에 씻어 물기를 뺀다.
2. 마늘은 납작하게 썰고 꽈리고추는 꼭지를 뗀다.
3. 냄비에 간장·고춧가루·맛술·물엿을 넣고 끓이다가 ①,②의 재료를 넣어 국물을 끼얹어가며 윤기나게 조려 낸다.

	8 요일		9 요일		10 요일	
	내용	금액	내용	금액	내용	금액
❶ 고정수입						
❷ 기타수입						
❸ 주식비						
❹ 부식비						
❺ 기타(기호품)						
❻ 외식비						
❼ 식비합계						
❽ 의복비						
❾ 보건위생비						
❿ 주거·공과비						
⓫ 육아·교육비						
⓬ 문화·레저비						
⓭ 교통·통신비						
⓮ 가족용돈						
⓯ 축하·경조비						
⓰ 신용카드						
⓱ 저축·보험비						
⓲ 기타						
⓳ 지출합계						
⓴ 현재남은돈						

오늘의 메모

	11	요일	12	요일	13	요일	14	요일		
	내 용	금 액	내 용	금 액	내 용	금 액	내 용	금 액	주 계	누 계
①										
②										
③										
④										
⑤										
⑥										
⑦										
⑧										
⑨										
⑩										
⑪										
⑫										
⑬										
⑭										
⑮										
⑯										
⑰										
⑱										
⑲										
⑳										

실패한 일을 후회하는 것보다 해보지도 못하고 후회하는 것이 훨씬 더 바보스럽다.
- 탈무드 -

출생 축하 선물로서의 유아용 의류는 대게 신생아기에 집중되기가 쉽다. 그러나 신생아 시기는 아주 짧기 때문에 옷을 선물하고자 생각한다면 생후 12개월 정도 지난 다음 입힐 수 있는 것을 선물하는 것이 마음에 들 것이다.

February 2

고등어자반찜

◀ 재료

고등어자반 1마리, 감자 200g, 청고추 1개, 홍고추 1개, 대파 1/3뿌리, 쌀뜨물 1/2컵

양념장: 청주 1큰술, 다진파 2큰술, 다진마늘 1큰술, 고춧가루 1큰술, 참기름 1작은술, 생강즙 1큰술, 후추 약간

◀ 만들기

1. 고등어자반은 쌀뜨물 또는 물에 담갔다가 짠 맛을 약간 없앤 다음 큼직하게 토막낸다.
2. 감자는 껍질을 벗기고 1cm 두께에 반달 모양으로 썬다.
3. 청·홍고추, 대파는 링으로 썬다.
4. 다진파, 마늘, 고춧가루, 생강즙, 후추, 청주, 참기름을 섞어 양념장을 만든다.
5. 냄비에 ②에 감자를 깔고 ①의 자반을 놓은 뒤 ④의 양념장을 끼얹고 쌀뜨물(물)을 부은 다음 뚜껑을 닫아 찜한다.
6. 그릇에 보기 좋게 담아 낸다.

	15 요일		16 요일		17 요일	
	내 용	금 액	내 용	금 액	내 용	금 액
① 고정수입						
② 기타수입						
③ 주식비						
④ 부식비						
⑤ 기타(기호품)						
⑥ 외식비						
⑦ 식비합계						
⑧ 의복비						
⑨ 보건위생비						
⑩ 주거·공과비						
⑪ 육아·교육비						
⑫ 문화·레저비						
⑬ 교통·통신비						
⑭ 가족용돈						
⑮ 축하·경조비						
⑯ 신용카드						
⑰ 저축·보험비						
⑱ 기타						
⑲ 지출합계						
⑳ 현재남은돈						

오늘의 메모

18 요일		19 요일		20 요일		21 요일		주 계	누 계
내 용	금 액	내 용	금 액	내 용	금 액	내 용	금 액		
①									
②									
③									
④									
⑤									
⑥									
⑦									
⑧									
⑨									
⑩									
⑪									
⑫									
⑬									
⑭									
⑮									
⑯									
⑰									
⑱									
⑲									
⑳									

우리가 사는 환경은 우리가 만들어 가는 것이다. 내가 바뀔때 인생도 바뀐다!
- 앤드류 매튜스 -

고기를 잰다든가 전골 요리 등을 할 때 술을 넣으면 고기가 한결 연해진다. 이때 술은 청주, 포도주, 맥주와 같이 알콜 농도가 낮은 것이야 한다. 소주류와 같은 것은 역효과이다.

February 2

호두, 밤조림

◀ 재료

호도 5개, 쇠고기 50g, 밤 5개, 실백 1작은술, 밀가루 약간, 소금, 후추, 파, 마늘, 깨소금, 참기름, 간장 1큰술, 설탕 1작은술, 물엿 1큰술, 물 2큰술, 청주 1큰술

◀ 만들기

1. 호도는 겉껍질을 벗겨 미지근한 물에 담가서 충분히 부드럽게 불린후 꼬치로 속껍질을 벗긴다.
2. 쇠고기는 살로 곱게 다져서 소금, 후추, 다진파, 마늘, 깨소금, 참기름을 넣어 골고루 끈기있게 양념한다.
3. 호도의 패인 곳에 밀가루를 뿌리고 다진 고기를 잘 박는다.
4. 밤은 껍질을 벗겨 물에 담가 놓는다.
5. 남비에 간장, 설탕, 물엿, 물, 청주를 넣고 살짝 끓인 후 호도와 밤을 넣어서 윤기나게 서서히 조린다.
6. 잣을 고깔을 뗀 후 종이위에 잣을 놓고 칼날로 곱게 다진다.
7. 호도와 밤이 다 조려지면 참기름을 친다.
8. 접시에 밤과 호도를 옆옆이 보기 좋게 담고 그 위에 잣가루를 뿌린다.

	22 요일		23 요일		24 요일	
	내용	금액	내용	금액	내용	금액
① 고정수입						
② 기타수입						
③ 주식비						
④ 부식비						
⑤ 기타(기호품)						
⑥ 외식비						
⑦ 식비합계						
⑧ 의복비						
⑨ 보건위생비						
⑩ 주거·공과비						
⑪ 육아·교육비						
⑫ 문화·레저비						
⑬ 교통·통신비						
⑭ 가족용돈						
⑮ 축하·경조비						
⑯ 신용카드						
⑰ 저축·보험비						
⑱ 기타						
⑲ 지출합계						
⑳ 현재남은돈						

오늘의 메모

25	요일	26	요일	27	요일	28	요일	우리가 행복했던 시절 을 비참한 환경 속에서 생각해 내는 것 만큼 큰 슬픔이 또 있을까. - 단테 -	
내용	금액	내용	금액	내용	금액	내용	금액	주 계	누 계
①									
②									
③									
④									
⑤									
⑥									
⑦									
⑧									
⑨									
⑩									
⑪									
⑫									
⑬									
⑭									
⑮									
⑯									
⑰									
⑱									
⑲									
⑳									

이달 중순경부터 장미의 묵은 가지를 잘라주기 시작한다. 장미는 새눈이 싹트기 직전에 가지를 쳐주지 않으면 키만 크고 좋은 꽃이 피기 어렵다.

February 2

가끔 하찮은 말이 불행을 가져오기도 하고 칭찬을 가져오기도 한다.
- 제퍼슨 -

요일

닭 야채전골

◀ 재료

닭 1마리, 감자 1개, 생표고버섯 3장, 양파 1개, 대파 2뿌리, 미나리 80g, 국수 150g, 생강 1톨, 소금 약간, 고춧가루 4큰술, 양파즙 2큰술, 들깨가루 3큰술, 마늘 2큰술, 닭 육수 약간, 국간장 약간, 후춧가루 약간

◀ 만들기

1. 닭은 기름기가 많은 꽁지 부분은 잘라내고 잔털을 뽑은 후 깨끗이 씻어 적당한 크기로 토막낸다.
2. 토막낸 닭은 저민 생강과 함께 끓는 물에 넣어 폭 삶는다. 국물은 체에 밭쳐 육수로 준비해 둔다.
3. 감자는 도톰하게 썰고 미나리는 7~8cm 길이로 썬 다음 소금물에 담가 지저분한 것들을 제거한다.
4. 표고버섯은 기둥을 잘라낸 다음 굵게 채썰고, 양파와 대파는 길쭉하게 썰어놓는다.
5. 국수는 끓는 물에 삶아 찬물에 헹군다. 전골에 넣어 다시 끓여 먹기 때문에 살짝 삶아 건지면 된다.
6. 고춧가루 양념장은 양파즙, 들깨가루, 마늘, 국간장, 후춧가루를 넣고 닭 육수를 조금만 부어 촉촉한 양념장을 만든다.
7. 냄비에 삶은 닭과 야채, 양념을 넣어 끓인다. 냄비에 폭 삶은 닭과 도톰하게 썬 감자, 닭 육수를 부어 끓이다가 양념을 풀어 넣고 한소끔 끓으면 굵게 썬 양파, 대파, 미나리, 표고버섯을 넣는다.
8. 전골이 끓으면 삶은 국수를 넣는다. 끓이다가 마지막에 소금으로 간을 맞춘다.

	내 용	금 액	주 계	누계
❶ 고정수입				
❷ 기타수입				
❸ 주식비				
❹ 부식비				
❺ 기타(기호품)				
❻ 외식비				
❼ 식비합계				
❽ 의복비				
❾ 보건위생비				
❿ 주거·공과비				
⓫ 육아·교육비				
⓬ 문화·레저비				
⓭ 교통·통신비				
⓮ 가족용돈				
⓯ 축하·경조비				
⓰ 신용카드				
⓱ 저축·보험비				
⓲ 기타				
⓳ 지출합계				
⓴ 현재남은돈				

오늘의 메모

겨울동안의 운동부족과 추위에 적응하기 위한 피하지방의 축적으로 체중이 불어나 있게 마련이다. 간단한 체조라도 자주 해서 부족되기 쉬운 운동을 보충해 주고 봄이 오기 전에 살도 뺀다.

3 March 예산 · 결산

내용 · 계획	예 산	결 산	비 고
정기수입			
기타수입			
지난달 남은돈			
수입 합계			

	예 산	결 산	비 고
주식비			
부식비			
기호품			
외식비			
의복비			
보건위생비			
주거 · 공과비			
육아 · 교육비			
문화 · 레저비			
교통 · 통신비			
가족 용돈			
경조비			
저축 · 보험비			
기타			
특별비			
저축 저축성예금			
요구불예금			
차입금 상환			
지출 합계			

현재 남은 돈	

이달에 해야 할일

1	
2	
3	
4	
5	
6	
7	
8	
9	
10	
11	
12	
13	
14	
15	
16	
17	
18	
19	
20	
21	
22	
23	
24	
25	
26	
27	
28	
29	
30	
31	

March 3

호박선

◀ 재료

애호박 1/2개, 쇠고기 30g, 표고 15g, 당근 10g, 달걀 1/2개, 실고추, 잣, 석이, 소금 10g, 간장 3㎖, 참기름 5㎖, 깨소금, 후추가루, 겨자집 15㎖, 파 5g, 초장 15㎖, 마늘 3g

◀ 만들기

1. 가는 호박은 열십자로 칼집을 넣고 굵은 호박은 반으로 쪼개어 어슷하게 길이 4cm로 썰어 3중의 칼집을 넣어 쓴다. 끓는 소금물에 숨이 죽을 정도로 데치거나 절여서 물기를 뺀다.
2. 쇠고기는 채썰어 양념하고 표고도 곱게 채 썰어 양념하고 석이도 손질하여 채 썬다.
3. 당근도 곱게 채썰어 살짝 데친 다음 물기를 짠다.
4. 쇠고기는 표고와 당근을 섞어서 양념 후 호박 칼집 사이사이에 끼워 넣는다.
5. 냄비에 간을 맞춘 육수를 호박이 반정도 잠길 만큼 부어 국물이 조금 남을 정도로 끓인다.
6. 호박선을 그릇에 담고 위에 황백지단을 부쳐 채 썬 것과 석이채, 잣, 실고추를 고명으로 얹는다.
7. 초장과 겨자집을 곁들여 낸다.

	1 요일		2 요일		3 요일	
	내 용	금 액	내 용	금 액	내 용	금 액
① 고정수입						
② 기타수입						
③ 주식비						
④ 부식비						
⑤ 기타(기호품)						
⑥ 외식비						
❼ 식비합계						
⑧ 의복비						
⑨ 보건위생비						
⑩ 주거·공과비						
⑪ 육아·교육비						
⑫ 문화·레저비						
⑬ 교통·통신비						
⑭ 가족용돈						
⑮ 축하·경조비						
⑯ 신용카드						
⑰ 저축·보험비						
⑱ 기타						
⑲ 지출합계						
⑳ 현재남은돈						

오늘의 메모

4	요일	5	요일	6	요일	7	요일	주 계	누 계
내 용	금 액	내 용	금 액	내 용	금 액	내 용	금 액		
①									
②									
③									
④									
⑤									
⑥									
⑦									
⑧									
⑨									
⑩									
⑪									
⑫									
⑬									
⑭									
⑮									
⑯									
⑰									
⑱									
⑲									
⑳									

내적인 생활이 없는 사람은 환경의 노예에 불과한 사람이다.
- 아미엘 -

겨울 동안 신김치들을 여러 가지 음식에 활용, 빨리 처치한다. 신김치를 이용할 때는 한 두 번 물에 행궈내거나 양념을 털어내고 요리를 하면 다른 재료들과 잘 어울린다.

March 3

닭찜

◀ 재 료
닭 2Kg, 감자 100g, 당근 100g, 양파 3개(中), 대파 1/2뿌리, 달걀 1개, 간장 3/4컵, 설탕 4큰술, 다진파 3큰술, 다진마늘 3큰술, 생강즙 2큰술, 청주 3큰술, 깨소금, 후추, 참기름

◀ 만들기
1. 닭은 깨끗이 손질하여 씻어서 5cm 정도로 네모지게 토막 낸다.
2. 감자는 껍질을 벗겨서 밤알 정도의 크기로 썰어 모서리를 다듬는다.
3. 당근도 깨끗이 씻어서 감자와 같이 썬다.
4. 양파는 채로 6~8등분 한다. 대파도 3cm로 썬다.
5. 간장에 설탕, 다진파, 마늘, 생강즙, 깨소금, 후추, 참기름을 넣어 양념장을 만든다.
6. 남비에 토막낸 닭을 넣고 물은 자작하게 부어서 익히다 거품을 걷고 양념장을 반정도 넣어서 끓인다.
7. 닭이 반쯤 익었을 때 감자, 당근, 양파, 대파를 넣고 익히면서 나머지 양념장을 더 부어 천천히 중불에서 윤기나게 익힌다.
8. 닭찜이 완성되면 찜그릇에 보기 좋게 담고 그 위에 달걀지단을 고명으로 얹는다.

	8 요일		9 요일		10 요일	
	내 용	금 액	내 용	금 액	내 용	금 액
① 고정수입						
② 기타수입						
③ 주식비						
④ 부식비						
⑤ 기타(기호품)						
⑥ 외식비						
⑦ 식비합계						
⑧ 의복비						
⑨ 보건위생비						
⑩ 주거·공과비						
⑪ 육아·교육비						
⑫ 문화·레저비						
⑬ 교통·통신비						
⑭ 가족용돈						
⑮ 축하·경조비						
⑯ 신용카드						
⑰ 저축·보험비						
⑱ 기타						
⑲ 지출합계						
⑳ 현재남은돈						

오늘의 메모

	11 요일		12 요일		13 요일		14 요일		주계	누계
	내용	금액	내용	금액	내용	금액	내용	금액		
①										
②										
③										
④										
⑤										
⑥										
⑦										
⑧										
⑨										
⑩										
⑪										
⑫										
⑬										
⑭										
⑮										
⑯										
⑰										
⑱										
⑲										
⑳										

인간이 적응할 수 없는 환경이란 없다.
- 톨스토이 -

경칩은 날씨가 따뜻해서 초목이 돋아나고 겨울잠 자던 동물들이 땅속에서 잠이 깨기 시작 한다고 한다.

March 3

송이 산적

◀ 재료

송이버섯 4개, 쇠고기 200g, 소금, 참기름, 꼬치 4개, 간장 1½큰술, 설탕 2작은술, 다진파 2작은술, 다진마늘 1작은술, 후추, 깨소금, 참기름

◀ 만들기

1. 송이버섯은 검은 껍질을 얇게 벗기고 끝부분에 붙은 모래부분은 버린다.
2. 손질한 송이버섯은 모양을 살려 굵기에 따라 2~3등분으로 저민다.
3. 송이버섯은 소금, 참기름으로 양념하여 부서지지 않도록 살며시 버무린다.
4. 쇠고기는 송이버섯보다 약간 길고 넓이는 1.5cm 정도로 썰어 잔칼집을 넣는다.
5. 간장에 설탕, 다진파, 마늘, 후추, 깨소금, 참기름을 넣어 양념장을 만든다.
6. 쇠고기는 ⑤의 양념장에 간이 배도록 무친다.
7. 꼬치에 송이버섯, 쇠고기를 번갈아 가며 꽂는다.(꼬치 양끝이 1cm가 되도록 다듬는다.)
8. 산적재료를 석쇠에 놓고 살짝 굽거나 팬에 기름을 두르고 지져내도 좋다.
9. 접시에 송이산적을 보기 좋게 담는다.

	15 요일		16 요일		17 요일	
	내용	금액	내용	금액	내용	금액
❶ 고정수입						
❷ 기타수입						
❸ 주식비						
❹ 부식비						
❺ 기타(기호품)						
❻ 외식비						
❼ 식비합계						
❽ 의복비						
❾ 보건위생비						
❿ 주거·공과비						
⑪ 육아·교육비						
⑫ 문화·레저비						
⑬ 교통·통신비						
⑭ 가족용돈						
⑮ 축하·경조비						
⑯ 신용카드						
⑰ 저축·보험비						
⑱ 기타						
⑲ 지출합계						
⑳ 현재남은돈						

오늘의 메모

18 요일		19 요일		20 요일		21 요일		주 계	누 계
내 용	금 액	내 용	금 액	내 용	금 액	내 용	금 액		

서로 잘못했다고 인정하지 않는 한 화해는 성립되지 않는다.
- 유태격언 -

쑥은 거의 완전한 알카리성 식품이다. 때문에 쌀밥 위주인 우리들의 식생활로 체질의 산성화를 방지해 주는 데도 매우 효과적인 식품이다.

March 3

표고찜

◀ 재료
표고버섯 20개(中), 새우 400g(小), 다진 마늘 1작은술, 다진 생강 약간, 소금·후추 약간, 참기름 1/2작은술, 밀가루·녹말가루, 간장 3큰술, 실파 1큰술, 깨소금·후추·참기름

◀ 만들기
1. 표고버섯은 중간 크기로 골라 물에 불려서 꼭지를 떼고 물기를 뺀 다음 안쪽 면에 소금·후추·참기름으로 양념한다.
2. 새우는 껍질을 벗기고 내장을 뺀 후 씻어 건져서 칼로 곱게 으깨어 소금·다진 생강·참기름을 넣어 양념한다.
3. 양념한 버섯은 안쪽 면에 밀가루를 묻히고, 양념한 새우를 소복히 담아 그 위에 녹말가루를 묻힌다.
4. ③의 표고를 찜통에 넣고 쪄 낸 다음 접시에 담아 낸다.
5. 간장에 잘게 썬 실파·깨소금·후추·참기름을 넣어 양념장을 만들어 곁들여 낸다.

	22 요일		23 요일		24 요일	
	내용	금액	내용	금액	내용	금액
① 고정수입						
② 기타수입						
③ 주식비						
④ 부식비						
⑤ 기타(기호품)						
⑥ 외식비						
⑦ 식비합계						
⑧ 의복비						
⑨ 보건위생비						
⑩ 주거·공과비						
⑪ 육아·교육비						
⑫ 문화·레저비						
⑬ 교통·통신비						
⑭ 가족용돈						
⑮ 축하·경조비						
⑯ 신용카드						
⑰ 저축·보험비						
⑱ 기타						
⑲ 지출합계						
⑳ 현재남은돈						

오늘의 메모

25 요일		26 요일		27 요일		28 요일		형식을 너무 차리는 자들은 가면을 쓴 위선자들이다. – 그라시안 –	
내 용	금 액	내 용	금 액	내 용	금 액	내 용	금 액	주 계	누 계
①									
②									
③									
④									
⑤									
⑥									
⑦									
⑧									
⑨									
⑩									
⑪									
⑫									
⑬									
⑭									
⑮									
⑯									
⑰									
⑱									
⑲									
⑳									

만물이 소생하는 봄이 왔다. 모자랐던 싱싱한 야채의 영양소를 보충하기 위해 봄나물 등을 간간이 식탁에 올리도록 한다.

March 3

가지볶음

◀ 재료

가지 2개, 풋고추 2개, 홍고추 2개, 양파 1개, 쇠고기 50g, 꽃상추, 간장 2큰술, 파 2큰술, 마늘 1큰술, 깨소금, 참기름, 식용유

◀ 만들기

1. 가지는 꼭지를 떼고 4~5cm 길이로 납작하게 썬 후 소금물에 담가 건진다.
2. 청·홍고추는 배를 갈라 씨를 빼고 어슷하게 썬다.
3. 양파도 같은 크기로 썬다.
4. 쇠고기는 곱게 다진 후 간장, 파, 마늘, 설탕, 후추, 깨소금, 참기름으로 양념한다.
5. 후라이팬에 ④의 고기를 볶다가 식용유를 여유 있게 넣고 ①의 가지를 볶으면서 간장, 파, 마늘, ②, ③의 재료를 넣어 볶는다.
6. ⑤의 가지볶음에 깨소금, 참기름을 섞어 꽃상추를 깔고 담아 낸다.

	29 요일		30 요일		31 요일	
	내 용	금 액	내 용	금 액	내 용	금 액
① 고정수입						
② 기타수입						
③ 주식비						
④ 부식비						
⑤ 기타(기호품)						
⑥ 외식비						
⑦ 식비합계						
⑧ 의복비						
⑨ 보건위생비						
⑩ 주거·공과비						
⑪ 육아·교육비						
⑫ 문화·레저비						
⑬ 교통·통신비						
⑭ 가족용돈						
⑮ 축하·경조비						
⑯ 신용카드						
⑰ 저축·보험비						
⑱ 기타						
⑲ 지출합계						
⑳ 현재남은돈						

침묵을 지키지 못하는 자는
얘기할 줄도 모르는 자이다.
- 세네카 -

	주계	누계
①		
②		
③		
④		
⑤		
⑥		
⑦		
⑧		
⑨		
⑩		
⑪		
⑫		
⑬		
⑭		
⑮		
⑯		
⑰		
⑱		
⑲		
⑳		

출생 축하 선물로서의 유아용 의류는 대개 신생아에 집중되기가 쉽다. 그러나 신생아 시기는 아주 짧기 때문에 옷을 선물하고자 생각한다면 생후 12개월 정도 지난 다음 입힐 수 없는것을 선물하는 것이 마음에 들 것이다.

행복한이야기 Memo

생활속의 지혜

◐ 튀김옷 반죽

집에서 튀김을 할 때 바삭바삭하게 튀기려면 튀김옷을 잘 반죽하는 것이 중요하다. 반죽하는 방법에 따라 맛의 차이가 크기 때문이다. 튀김옷을 만들 때는 물이 가능한 한 차가운 것이 좋다. 얼음을 조금 녹여 물과 섞는 것도 좋은 방법. 낮은 온도의 물로 반죽하면 밀가루의 끈기가 없어지기 때문에 바삭바삭하게 튀김을 할 수 있다. 적당한 양의 얼음을 직접 밀가루 속에 넣어도 좋다.

◐ 연필심으로 자물쇠를 부드럽게

자물쇠가 빡빡해져 잘 열리지 않을 때는 연필심을 갈아서 그 가루를 자물쇠안에다 조금 넣고 몇 번 잠궜다 열었다 하면 아주 부드럽게 된다.

◐ 샐러드의 물기를 없애려면

사과, 배, 파인애플, 감등, 각종 과일을 섞어 만드는 샐러드를 만들다보면은 과일에서 나오는 물기가 많아져 고민스럽다. 이럴 때는 샐러드에 땅콩을 갈아넣으면 좋다. 땅콩이 과일의 수분을 흡수해 물기가 생기지 않는데다 땅콩의 고소한 맛이 한데 어우러져 한결 맛이 좋아진다.
과일은 얇게 썰어야 드레싱이 골고루 묻어 맛이 더 좋다.

◐ 물주전자 물 때 제거

물주전자를 오래 쓰다 보면 거무스름한 물때가 끼게 된다. 이런 경우에는 스폰지에 소금을 묻혀서 문지르면 간단히 제거된다.
기름때처럼 끈끈해져 있는 경우에는 중성세제로 닦아도 된다.

◐ 면의 바랜색 되살리기

여름옷으로 환영받는 소재인 면 세탁을 자주하게 되면 색이 바래는 것이 걱정이다. 특히 검정이나 밤색, 빨강색 등은 색이 빠져 희미하게 되어 버린다. 색이 바랜 면은 식초로 행구면 색이 되살아나는 신기한 성질이 있다. 세탁후 행굴 때 한 컵 정도의 식초를 넣어 30분 정도 두었다. 잘 행구어 말리면 선명하게 색이 되살아난다.

4 April 예산·결산

내용·계획	예 산	결 산	비 고
정기수입			
기타수입			
지난달 남은돈			
수입 합계			

	예 산	결 산	비 고
주식비			
부식비			
기호품			
외식비			
의복비			
보건위생비			
주거·공과비			
육아·교육비			
문화·레저비			
교통·통신비			
가족 용돈			
경조비			
저축·보험비			
기타			
특별비			
저축 저축성예금			
요구불예금			
차입금 상환			
지출 합계			

현재 남은 돈	

이달에 해야 할일

1	
2	
3	
4	
5	
6	
7	
8	
9	
10	
11	
12	
13	
14	
15	
16	
17	
18	
19	
20	
21	
22	
23	
24	
25	
26	
27	
28	
29	
30	
31	

April 4

고들빼기김치

◀ 재료

고들빼기 1관, 실파 1단, 삭힌 고추 1근, 갓 1단, 고춧가루 1근, 멸치젓국 2C, 설탕 3TS, 밤 20개, 대추 20개, 잣 1/2C, 통깨, 마늘, 생강, 실고추

◀ 만들기

1. 고들빼기는 잎이 푸르고 무성하며 뿌리가 굵은 것으로 골라 깨끗이 다듬어서 소금물에 절인 다음 돌로 눌러 일주일 정도 두어 누렇게 삭힌다.
2. 삭힌 고들빼기는 쓴맛이 빠지도록 여러 번 헹구어 하루쯤 담가 두었다가 건져 물기를 빼 놓는다.
3. 밴댕이젓이나 멸치젓 등을 곱게 다져 놓고, 삭힌 고추는 깨끗이 씻어 놓는다.
4. 갓과 실파도 씻어서 10cm 길이로 썰어 젓국에 절여 놓는다.
5. 젓국에 고춧가루와 설탕을 함께 개어 놓는다.
6. 고들빼기와 삭힌 고추, 갓, 실파, 채 썬 마늘, 생강, 밤, 대추에 ⑤의 양념을 넣어 고루 버무려 통깨·실고추를 넣어 항아리에 차곡차곡 담은 다음 우거지를 덮어 소금을 뿌리고, 돌로 눌러 보름쯤 지난 후 익으면 먹는다. 쌉쌀하면서도 개운한 맛이 일품이다.

	1 요일		2 요일		3 요일	
	내용	금액	내용	금액	내용	금액
① 고정수입						
② 기타수입						
③ 주식비						
④ 부식비						
⑤ 기타(기호품)						
⑥ 외식비						
⑦ **식비합계**						
⑧ 의복비						
⑨ 보건위생비						
⑩ 주거·공과비						
⑪ 육아·교육비						
⑫ 문화·레저비						
⑬ 교통·통신비						
⑭ 가족용돈						
⑮ 축하·경조비						
⑯ 신용카드						
⑰ 저축·보험비						
⑱ 기타						
⑲ 지출합계						
⑳ 현재남은돈						

오늘의 메모

4 요일		5 요일		6 요일		7 요일		주계	누계
내용	금액	내용	금액	내용	금액	내용	금액		
①									
②									
③									
④									
⑤									
⑥									
⑦									
⑧									
⑨									
⑩									
⑪									
⑫									
⑬									
⑭									
⑮									
⑯									
⑰									
⑱									
⑲									
⑳									

명장(明匠)들도 처음 에는 아마추어였다.
― 에머슨 ―

물감이 빠질 우려가 있는 의류는 미리 30분 정도 소금물에 담가 두었다가 빨도록 한다. 소금은 물 한 들통에 가볍게 한 줌 정도면 된다. 약 30분 경과 후 세탁하면 색이 빠지지 않는데 빨강과 검정색에 특히 효과가 있다.

April 4

햄스테이크

◀ 재료

햄, 당근, 감자, 시금치, 파인애플 1쪽, 파인애플 주스 3TS, 팬케이크 2장, 체리 1개, 래디시 1개, 파슬리 1개, 소금, 후추, 달걀 1개, 밀가루 1TS

◀ 만들기

1. 햄은 도톰하게 잘라 칼집을 넣는다.
2. 팬에 버터나 기름을 넣어 햄을 지진 후 파인애플과 파인애플 주스를 넣는다.
3. 햄과 파인애플은 건져 놓고, 그 국물은 조린다.
4. 감자는 튀겨 놓고, 당근은 끓는 물에 삶아 건진다.
6. 삶은 국물에 설탕, 소금, 버터를 넣어 조린 다음 삶은 당근을 넣어 간이 배도록 다시 조린다.
7. 달걀을 잘 풀어 놓고 밀가루, 소금을 넣고 거품기로 잘 푼다.
8. 팬에 ⑦의 재료를 부어 얇게 팬케이크를 부쳐 낸다.
9. 시금치는 데쳐 물기를 꼭 짜서 버터에 볶아 소금으로 간을 하여 팬케이크에 시금치 볶음을 놓고 달걀말음을 말아 한 입 크기로 썬다.
10. 접시에 햄스테이크를 담고 파인애플을 얹어 조린 국물을 끼얹는다.
11. 햄스테이크에 감자튀김, 시금치말음, 당근찜을 곁들여 담는다.

	8 요일		9 요일		10 요일	
	내 용	금 액	내 용	금 액	내 용	금 액
❶ 고정수입						
❷ 기타수입						
❸ 주식비						
❹ 부식비						
❺ 기타(기호품)						
❻ 외식비						
❼ 식비합계						
❽ 의복비						
❾ 보건위생비						
❿ 주거·공과비						
⓫ 육아·교육비						
⓬ 문화·레저비						
⓭ 교통·통신비						
⓮ 가족용돈						
⓯ 축하·경조비						
⓰ 신용카드						
⓱ 저축·보험비						
⓲ 기타						
⓳ 지출합계						
⓴ 현재남은돈						

오늘의 메모

	11 요일		12 요일		13 요일		14 요일		비폭력은 사람으로서 할 수 있는 가장 완벽한 자기 정화이다. - M. 간디 -	
	내용	금액	내용	금액	내용	금액	내용	금액	주계	누계
①										
②										
③										
④										
⑤										
⑥										
⑦										
⑧										
⑨										
⑩										
⑪										
⑫										
⑬										
⑭										
⑮										
⑯										
⑰										
⑱										
⑲										
⑳										

완두는 영양가가 높고 칼슘이 많아 어린이의 신장개발에도 좋다. 완두와 녹두를 혼합해서 팥고물 대신 빵 속에 넣어 빵을 만들어 어린이에게 먹이면 아주 좋다.

April 4

바비큐 치킨

◀ 재료

닭1마리, 양파 2개, 마늘 1TS, 포도주 3TS, 토마토케첩 2/3C, 황설탕 1TS, 레몬 1/2개, 월계수잎 1장, 육수 1C, 양겨자 1/2TS, 타바스코 조금, 타임 조금, 소금, 후추, 식용유

◀ 만들기

1. 닭은 깨끗이 손질하여 큼직하게 토막을 낸다.
2. 브로콜리는 끓는 소금물에 데쳐 찬물에 헹구어 토막을 낸다.
3. 양파, 마늘은 잘게 다진다.
4. 오목한 팬에 버터나 기름을 넣고 양파와 마늘을 갈색이 나도록 오래 볶는다.
5. ④에 토마토 케첩, 포도주, 황설탕, 겨자, 월계수잎, 타바스코, 타임, 육수를 붓고 푹 끓인다.
6. ⑤에 소금, 후추로 간하고 레몬즙을 넣어 바비큐 소스를 만든다.
7. 팬에 기름을 넣어 닭을 넣고 노릇노릇하게 지지면서 소금, 후추로 양념을 한다.
8. 오븐에 넣은 철판 위에 ①의 닭고기를 담고 ⑥의 소스를 끼얹어 오븐에 굽는다.

	15 요일		16 요일		17 요일	
	내용	금액	내용	금액	내용	금액
① 고정수입						
② 기타수입						
③ 주식비						
④ 부식비						
⑤ 기타(기호품)						
⑥ 외식비						
⑦ 식비합계						
⑧ 의복비						
⑨ 보건위생비						
⑩ 주거·공과비						
⑪ 육아·교육비						
⑫ 문화·레저비						
⑬ 교통·통신비						
⑭ 가족용돈						
⑮ 축하·경조비						
⑯ 신용카드						
⑰ 저축·보험비						
⑱ 기타						
⑲ 지출합계						
⑳ 현재남은돈						

오늘의 메모

	18 요일		19 요일		20 요일		21 요일		주 계	누 계
	내 용	금 액	내 용	금 액	내 용	금 액	내 용	금 액		
❶										
❷										
❸										
❹										
❺										
❻										
❼										
❽										
❾										
❿										
⓫										
⓬										
⓭										
⓮										
⓯										
⓰										
⓱										
⓲										
⓳										
⓴										

일시적인 안전을 위하여 근본적인 자유를 포기하는 사람들은 자유나 안전을 얻을 자격이 없다.
- 벤자민 프랭 -

콩을 삶은 즙은 백약의 독을 푼다고 한다. 신장병을 다스리고 뇨를 이롭게 하여 기를 내린다. 피를 활발하게 하고 약으로 인한 독이 아닌 다른 독도 제거해 주는 작용을 한다.

April 4

표고버섯 볶음

◀ 재료

말린 표고버섯 5장, 양파 30g, 붉은 고추 약간, 실파 2뿌리, 식용유 약간, 불고기 양념장, 진간장 1큰술, 다진 파 2작은술, 다진 마늘 1작은술, 설탕 1작은술, 깨소금 1작은술, 참기름 1작은술, 후춧가루 약간

◀ 만들기

1. 말린 표고버섯은 물에 담갔다가 부드러워지면 기둥을 떼고 채썬다.
2. 양파는 채썰고, 실파는 3~4cm 길이로 썬다.
3. ①의 표고버섯을 분량의 양념장에 골고루 무친다.
4. 팬에 식용유를 넣고 ④의 표고버섯, 양파를 넣어 골고루 뒤적이며 볶으면서 실파를 넣는다.
5. 그릇에 ⑤의 표고버섯 볶음을 담고 붉은 고추 링을 고명으로 얹어 낸다.

	22 요일		23 요일		24 요일	
	내 용	금 액	내 용	금 액	내 용	금 액
① 고정수입						
② 기타수입						
③ 주식비						
④ 부식비						
⑤ 기타(기호품)						
⑥ 외식비						
⑦ **식비합계**						
⑧ 의복비						
⑨ 보건위생비						
⑩ 주거·공과비						
⑪ 육아·교육비						
⑫ 문화·레저비						
⑬ 교통·통신비						
⑭ 가족용돈						
⑮ 축하·경조비						
⑯ 신용카드						
⑰ 저축·보험비						
⑱ 기타						
⑲ 지출합계						
⑳ 현재남은돈						

오늘의 메모

25 요일		26 요일		27 요일		28 요일		주계	누계
내용	금액	내용	금액	내용	금액	내용	금액		
①									
②									
③									
④									
⑤									
⑥									
⑦									
⑧									
⑨									
⑩									
⑪									
⑫									
⑬									
⑭									
⑮									
⑯									
⑰									
⑱									
⑲									
⑳									

편견이란 실효성이 없는 의견이다.
- 암브로스 빌 -

감기몸살에 잘 걸리는 노약자나 허약 체질인 사람은 살구씨를 분말로 해서 쌀과일죽을 만들어 꿀이나 흑설탕을 넣고 하루 3번 식후마다 큰수저 하나씩 장복하면 건강해 진다.

April 4

	29 요일		30 요일			
	내용	금액	내용	금액	주계	누계
① 고정수입						
② 기타수입						
③ 주식비						
④ 부식비						
⑤ 기타(기호품)						
⑥ 외식비						
⑦ 식비합계						
⑧ 의복비						
⑨ 보건위생비						
⑩ 주거·공과비						
⑪ 육아·교육비						
⑫ 문화·레저비						
⑬ 교통·통신비						
⑭ 가족용돈						
⑮ 축하·경조비						
⑯ 신용카드						
⑰ 저축·보험비						
⑱ 기타						
⑲ 지출합계						
⑳ 현재남은돈						

늦어도 전혀 안가는것 보다 낫다.
— 리비 —

쑥튀김

◀ 재료
쑥 50g, 홍고추 1개, 튀김가루 1/2컵, 튀김 기름, 간장, 식초, 실파, 통깨

◀ 만들기
1. 쑥은 연한 것으로 준비하여 잘 다듬어 씻어 건져 놓는다.
2. 홍고추는 배를 갈라 씨를 빼고 곱게 다진다.
3. 튀김 가루에 물을 넣어 잘 푼 후 홍고추를 넣어 튀김옷을 만든다.
4. ①의 쑥은 ③의 튀김옷을 입혀 튀김 기름에 넣어 파삭파삭하게 튀겨 놓는다.
5. 간장에 송송 썬 실파와 식초, 통깨를 넣어 혼합하여 튀김 간장을 만들어 쑥튀김에 곁들여 낸다.

5 May 예산·결산

이달에 해야 할일

내용·계획	예 산	결 산	비 고
정기수입			
기타수입			
지난달 남은돈			
수입 합계			

	예 산	결 산	비 고
주식비			
부식비			
기호품			
외식비			
의복비			
보건위생비			
주거·공과비			
육아·교육비			
문화·레저비			
교통·통신비			
가족 용돈			
경조비			
저축·보험비			
기타			
특별비			
저축 저축성예금			
요구불예금			
차입금 상환			
지출 합계			

현재 남은 돈

1
2
3
4
5
6
7
8
9
10
11
12
13
14
15
16
17
18
19
20
21
22
23
24
25
26
27
28
29
30
31

May 5

감자두루치기

◀ 재료
감자 100g, 쇠고기 50g, 느타리버섯·당근 20g씩, 양파 1/4개, 풋고추 1개, 굵은 파 1/2줄기, 육수 1컵, 고추장·고춧가루·간장·맛술 1큰술, 다진 마늘 1/2큰술, 깨소금 2작은술, 참기름 1작은술, 후춧가루, 소금 조금씩

◀ 만들기
1. 감자는 길고 납작하게 썬 후 물에 담갔다가 건진다.
2. 쇠고기, 당근, 양파는 납작하게 썰고 풋고추, 굵은 파는 어슷하게 썬다.
3. 느타리버섯은 끓는 물에 데쳐 찬물에 헹군 후 찢어 놓는다.
4. 팬에 육수를 넣고 쇠고기와 감자를 넣어 끓이다가 고추장, 고춧가루, 간장, 맛술로 양념한다.
5. ④에 당근, 다진 마늘, 풋고추, 굵은 파를 넣고 끓인 후 소금과 후춧가루로 간을 한다.
6. ⑤에 깨소금과 참기름을 넣고 그릇에 담아낸다.

	1 요일		2 요일		3 요일	
	내용	금액	내용	금액	내용	금액
❶ 고정수입						
❷ 기타수입						
❸ 주식비						
❹ 부식비						
❺ 기타(기호품)						
❻ 외식비						
❼ 식비합계						
❽ 의복비						
❾ 보건위생비						
❿ 주거·공과비						
⑪ 육아·교육비						
⑫ 문화·레저비						
⑬ 교통·통신비						
⑭ 가족용돈						
⑮ 축하·경조비						
⑯ 신용카드						
⑰ 저축·보험비						
⑱ 기타						
⑲ 지출합계						
⑳ 현재남은돈						

오늘의 메모

4 요일		5 요일		6 요일		7 요일		주계	누계
내용	금액	내용	금액	내용	금액	내용	금액		

몸가짐은 각자가 자기의 모습을 비치는 거울이다.
- 괴테 -

① ② ③ ④ ⑤ ⑥ ⑦ ⑧ ⑨ ⑩ ⑪ ⑫ ⑬ ⑭ ⑮ ⑯ ⑰ ⑱ ⑲ ⑳

5월은 제맛이 나는 야채들이 많다. 어떤 것과도 잘 어울리는 햇양파, 햇감자, 양배추, 완두콩 등은 입맛 돋우는 식품이다.

May 5

어선

◀ 재료

민어 1/2마리(中), 미나리 100g, 당근 100g, 달걀 2개, 소금 1큰술, 참기름 약간, 양념간장, 초간장

◀ 만들기

1. 민어는 얇게 포를 떠서 소금을 약간 뿌려 놓는다.
2. 미나리를 다듬어 깨끗이 씻어서 끓는 물에 살짝 데쳐 헹군 다음 소금, 참기름으로 무쳐 놓는다.
3. 간장에 설탕, 후추, 참기름을 넣어 양념장을 만든다.
4. 표고버섯은 물에 불려 물기를 꼭 짜서 곱게 채 썰어 양념간장에 무쳐서 기름에 볶아 소금으로 간한다.
5. 달걀은 소금으로 간을 하여 풀어 지단을 부쳐 곱게 채 썰어 놓는다.
6. 생선살에 녹말가루를 뿌리고 미나리, 당근, 표고, 지단채를 가지런히 놓고 돌돌 말아 전체에 녹말가루를 묻힌다.
7. 찜통에 젖은 보를 깔고 ⑥의 생선을 놓고 쪄 낸다.
8. 찐 생선은 식은 후에 4cm 정도로 썰어서 접시에 보기 좋게 담고 초간장을 곁들여 낸다.

	8 요일		9 요일		10 요일	
	내 용	금 액	내 용	금 액	내 용	금 액
① 고정수입						
② 기타수입						
③ 주식비						
④ 부식비						
⑤ 기타(기호품)						
⑥ 외식비						
⑦ 식비합계						
⑧ 의복비						
⑨ 보건위생비						
⑩ 주거·공과비						
⑪ 육아·교육비						
⑫ 문화·레저비						
⑬ 교통·통신비						
⑭ 가족용돈						
⑮ 축하·경조비						
⑯ 신용카드						
⑰ 저축·보험비						
⑱ 기타						
⑲ 지출합계						
⑳ 현재남은돈						

오늘의 메모

11 요일		12 요일		13 요일		14 요일		인간의 행실은 각자가 자기의 이미지를 보여주는 거울이다. - J.W. 괴테 -	
내 용	금 액	내 용	금 액	내 용	금 액	내 용	금 액	주 계	누 계
❶									
❷									
❸									
❹									
❺									
❻									
❼									
❽									
❾									
❿									
⑪									
⑫									
⑬									
⑭									
⑮									
⑯									
⑰									
⑱									
⑲									
⑳									

5월은 날씨두 화창해 야외로 나갈 기회가 많다. 이럴 때 필요한 것이 바로 도시락, 각자의 도시락에 담기보다는 여러 사람들이 먹을 수 있는 음식을 한꺼번에 담으면 더욱 푸짐하고 둘러 앉아 먹는 재미도 각별하다.

May 5

갑오징어강회

◀ 재료

갑오징어 1마리, 실파 40뿌리, 고추장 3TS 조청(설탕) 1TS 생강즙 1TS 식초 2TS

◀ 만들기

1. 갑오징어는 손질하여 깨끗이 씻는다.
2. 끓는 물에 갑오징어를 넣어 데친 다음 건져 식힌다.
3. 데친 갑오징어는 4cm 길이로 0.5cm 두께로 썰어 놓는다.
4. 실파는 깨끗이 다듬어 씻은 후 끓는 물에 소금을 넣고 살짝 데친 다음 찬물에 헹구어 물기를 꼭 짠다.
5. 데친 갑오징어에 실파로 돌돌 말아 풀어지지 않게 젓가락으로 끝을 박는다.
6. 생강을 강판에 곱게 갈아 물을 부어 가제에 짜서 생강즙을 만든다.
7. 고추장에 조청이나 설탕을 넣고 생강즙·식초를 넣어 초고추장을 만든다.
8. 접시에 갑오징어파강회를 가지런히 담고 초고추장을 곁들인다.

	15 요일		16 요일		17 요일	
	내용	금액	내용	금액	내용	금액
① 고정수입						
② 기타수입						
③ 주식비						
④ 부식비						
⑤ 기타(기호품)						
⑥ 외식비						
❼ 식비합계						
⑧ 의복비						
⑨ 보건위생비						
⑩ 주거·공과비						
⑪ 육아·교육비						
⑫ 문화·레저비						
⑬ 교통·통신비						
⑭ 가족용돈						
⑮ 축하·경조비						
⑯ 신용카드						
⑰ 저축·보험비						
⑱ 기타						
⑲ 지출합계						
⑳ 현재남은돈						

오늘의 메모

18 요일		19 요일		20 요일		21 요일		타인을 아는 자는 박식하고, 자신을 아는 자는 현명하다. - 라오 -	
내용	금액	내용	금액	내용	금액	내용	금액	주계	누계
①									
②									
③									
④									
⑤									
⑥									
⑦									
⑧									
⑨									
⑩									
⑪									
⑫									
⑬									
⑭									
⑮									
⑯									
⑰									
⑱									
⑲									
⑳									

메밀 음식은 돼지, 양고기, 조기 등과 같이 먹어서는 안된다. 메밀과 혼식하면 풍을 유발, 눈썹과 모발이 빠질 염려가 있기 때문이다. 무에는 해독제가 되므로 냉면에는 꼭 무김치를 곁들여 먹는 것이 좋다.

May 5

두부 샐러드

◀ 재료

두부 120g, 양상추 100g, 오이 1/4개, 체리 토마토 3개, 당근 드레싱, 당근 간 것 2큰술, 올리브유 2큰술, 식초 1큰술, 설탕 1작은술, 양파즙 1/2큰술, 소금 약간, 흰 후춧가루 약간

◀ 만들기

1. 두부는 끓는 물에 데쳐 1cm 두께로 납작하게 썰어 식힌다.
2. 양상추는 한입 크기로 손으로 뜯고 체리 토마토와 오이는 둥글납작하게 썬 다음 얼음물에 잠시 담갔다가 건진다.
3. 당근과 양파는 각각 강판에 갈아 놓는다.
4. 올리브유에 양파·당근 간 것, 식초, 설탕, 소금을 흰 후춧가루를 넣고 거품기로 저어 당근 드레싱을 만든다.
5. 그릇에 두부와 야채를 섞어 담고 ④의 드레싱을 끼얹는다.

* 드레싱에 넣을 당근은 강판에 곱게 갈아준다.

	22 요일		23 요일		24 요일	
	내용	금액	내용	금액	내용	금액
① 고정수입						
② 기타수입						
③ 주식비						
④ 부식비						
⑤ 기타(기호품)						
⑥ 외식비						
⑦ 식비합계						
⑧ 의복비						
⑨ 보건위생비						
⑩ 주거·공과비						
⑪ 육아·교육비						
⑫ 문화·레저비						
⑬ 교통·통신비						
⑭ 가족용돈						
⑮ 축하·경조비						
⑯ 신용카드						
⑰ 저축·보험비						
⑱ 기타						
⑲ 지출합계						
⑳ 현재남은돈						

오늘의 메모

25 요일		26 요일		27 요일		28 요일		계속해서 즐기는 것은 아무 것도 즐기는 것이 아니다. - 돌바흐 -	
내 용	금 액	내 용	금 액	내 용	금 액	내 용	금 액	주 계	누 계
①									
②									
③									
④									
⑤									
⑥									
⑦									
⑧									
⑨									
⑩									
⑪									
⑫									
⑬									
⑭									
⑮									
⑯									
⑰									
⑱									
⑲									
⑳									

빈혈성 두통에 시달리는 사람은 시금치를 뿌리채 즙을 내어 식전마다 1컵씩 마시면 얼마되지 않아 증세가 가라 앉는다.

May 5

오징어 불고기

◀ 재 료

오징어 1마리, 진간장 2큰술, 다진 파 2큰술, 다진 마늘 1큰술, 설탕 1작은술, 깨소금 1큰술, 참기름 1작은술, 실고추 약간, 후춧가루 약간

◀ 만들기

1. 오징어는 배를 갈라 내장을 빼고 껍질째로 깨끗이 손질하여 씻어 놓는다.
2. 손질한 오징어는 안쪽 면에 사선으로 엇갈리게 잔 칼집을 넣은 다음 한입 크기로 썰어 놓는다. 다리도 잔칼집을 넣어 다시 2개씩 썰어 놓는다.
3. 진간장에 다진 파·마늘, 설탕, 깨소금, 실고추, 참기름을 넣어 양념장을 만든다.
4. 오징어는 ③의 양념장에 버무려 간이 배도록 재어 놓는다.
5. 석쇠에 양념한 오징어를 놓고 타지 않도록 굽는다.(생선 그릴이나 팬에 구워도 된다.)

	29 요일		30 요일		31 요일	
	내 용	금 액	내 용	금 액	내 용	금 액
❶ 고정수입						
❷ 기타수입						
❸ 주식비						
❹ 부식비						
❺ 기타(기호품)						
❻ 외식비						
❼ 식비합계						
❽ 의복비						
❾ 보건위생비						
❿ 주거·공과비						
⓫ 육아·교육비						
⓬ 문화·레저비						
⓭ 교통·통신비						
⓮ 가족용돈						
⓯ 축하·경조비						
⓰ 신용카드						
⓱ 저축·보험비						
⓲ 기타						
⓳ 지출합계						
⓴ 현재남은돈						

정신으로 창조된 것은 물질보다
한결 생명적이다.
- 보들레르 -

	주계	누계
❶		
❷		
❸		
❹		
❺		
❻		
❼		
❽		
❾		
❿		
⑪		
⑫		
⑬		
⑭		
⑮		
⑯		
⑰		
⑱		
⑲		
⑳		

탈발로 대머리가 된 사람은 참외 잎을 찧어 묻혀서 머리 밑에 문지르면 된다. 약1개월정도 계속하면 모근이 재생되어 머리털이 돋아 난다.

행복한이야기 Memo

생활속의 지혜

◐ 바지 단 자국을 없애려면
바지나 스커트의 단을 늘였을 때 접힌 자국을 제거하는 데는 식초를 사용하면 감쪽같다. 얇은 면 위에 식초를 뿌리고 그것을 바지위에 대고 다림질 하면 접은 자국이 없어진다.

◐ 생선찌게를 맛있게 끓이는 법
반드시 물이 끓고 난 다음에 생선을 넣어야 단백질이 굳어져 고기 맛 밖으로 빠져 나가는 것을 막을 수 있다. 물의 양은 생선 표면이 약간 나올 정도면 된다.

◐ 스웨터의 보프라기 제거
울혼방이나 아크릴 스웨터의 단점은 털보푸라기가 생기는 것이다. 털 보푸라기는 억지로 잡아 뽑지말고 가위로 잘라 내는 것이 좋다. 화물 접착용 테이프를 손에 접아 털보푸라기에 접착한 뒤 아래 쪽에서 잘라 낸다. 이렇게 하면 털보푸라기가 흩어지지 않고 빠짐 없이 처리된다.

◐ 오징어 요리할 때
오징어 데칠 때 무 넣어서 끓는 물에 얇게 썬 무를 넣고 다시 얼마 동안 끓이다가 오징어를 넣으면 오징어의 색깔이 좋아질 뿐 아니라 맛노 좋다.

◐ 숙취해소에 좋은 과일들
봄에는 딸기, 여름에는 수박과 참외, 가을에는 감과 포도, 겨울에는 귤과 사과가 숙취를 푸는 데 좋다.

◐ 소금 넣으면 기름 안튀어
야채와 고기를 후라이팬에 볶을 경우 기름이 여기저기서 튀어 옷이나 주방이 엉망이 되기도 한다. 이럴 때는 소금을 한줌 후라이팬에 넣고 나서 고기를 볶으면 기름이 튀지 않는다.

◐ 전자렌지로 김을 바삭하게
장마철이나 습기가 많은 날에는 김을 잠깐만 꺼내놓아도 눅눅해지기 쉽다. 이럴 때는 김을 전자레인지에 넣고 15초 정도 가열하면 다시 바삭바삭해진다.

예산 · 결산 (June)

내용 · 계획	예 산	결 산	비 고
정기수입			
기타수입			
지난달 남은돈			
수입 합계			

	예 산	결 산	비 고
주식비			
부식비			
기호품			
외식비			
의복비			
보건위생비			
주거 · 공과비			
육아 · 교육비			
문화 · 레저비			
교통 · 통신비			
가족 용돈			
경조비			
저축 · 보험비			
기타			
특별비			
저축 저축성예금			
저축 요구불예금			
차입금 상환			
지출 합계			

현재 남은 돈	

이달에 해야 할일

1.
2.
3.
4.
5.
6.
7.
8.
9.
10.
11.
12.
13.
14.
15.
16.
17.
18.
19.
20.
21.
22.
23.
24.
25.
26.
27.
28.
29.
30.
31.

June 6

닭칼국수

◀ 재료

밀가루 4C, 반죽물 1C, 닭 1마리(小), 양파 ½개, 당근 50g, 실파 5뿌리, 달걀 1개, 생강 2쪽, 소금 · 후추 · 참기름

◀ 만들기

1. 닭은 깨끗이 손질하여 씻어서 찬물을 붓고 생강을 넣어 푹 끓인 다음, 닭고기는 건져 내고 국물은 육수로 준비한다.
2. 닭고기는 뼈를 발라 내고 살을 찢어 소금, 후추, 참기름에 양념하여 무쳐 놓는다.
3. 밀가루에 소금으로 간을 한 물을 붓고 반죽하여 잘 치댄 다음 방망이로 넓게 밀어서 밀가루를 뿌려 접어가며 썰어 칼국수를 만들어 놓는다.
4. 양파, 당근은 곱게 채 썰어 팬에 기름을 넣어 볶으면서 소금으로 간을 맞춰 놓는다.
5. 실파는 4cm 길이로 썰고, 달걀은 황 · 백으로 갈라서 지단을 부친 후 곱게 채 썰어 놓는다.
6. 닭국물이 끓으면 만들어 놓은 칼국수를 붙지 않게 펴가면서 넣어 충분히 끓인 다음 실파를 넣고 닭고기와 야채를 넣어 소금으로 간을 맞춘다.
7. 그릇에 칼국수를 담고, 달걀 지단을 얹어 낸다.

	1 요일		2 요일		3 요일	
	내 용	금 액	내 용	금 액	내 용	금 액
① 고정수입						
② 기타수입						
③ 주식비						
④ 부식비						
⑤ 기타(기호품)						
⑥ 외식비						
❼ 식비합계						
⑧ 의복비						
⑨ 보건위생비						
⑩ 주거·공과비						
⑪ 육아·교육비						
⑫ 문화·레저비						
⑬ 교통·통신비						
⑭ 가족용돈						
⑮ 축하·경조비						
⑯ 신용카드						
⑰ 저축·보험비						
⑱ 기타						
⑲ 지출합계						
⑳ 현재남은돈						

오늘의 메모

4 요일		5 요일		6 요일		7 요일		주 계	누 계
내 용	금 액	내 용	금 액	내 용	금 액	내 용	금 액		
①									
②									
③									
④									
⑤									
⑥									
⑦									
⑧									
⑨									
⑩									
⑪									
⑫									
⑬									
⑭									
⑮									
⑯									
⑰									
⑱									
⑲									
⑳									

남의 조언에 귀를 기울이지 않는 자는 구제가 불가능한 어리석은 자이다.
-그라시안-

사과는 위의 소화작용도 돕고 변비에도 좋다. 사과즙을 아침, 저녁 빈 속에 1컵씩 10일 정도 복용하면 효과가 있다. 또 사과는 고혈압 환자나 병후 회복기에도 좋다.

June 6

	8	요일	9	요일	10	요일
	내용	금액	내용	금액	내용	금액
① 고정수입						
② 기타수입						
③ 주식비						
④ 부식비						
⑤ 기타(기호품)						
⑥ 외식비						
⑦ 식비합계						
⑧ 의복비						
⑨ 보건위생비						
⑩ 주거·공과비						
⑪ 육아·교육비						
⑫ 문화·레저비						
⑬ 교통·통신비						
⑭ 가족용돈						
⑮ 축하·경조비						
⑯ 신용카드						
⑰ 저축·보험비						
⑱ 기타						
⑲ 지출합계						
⑳ 현재남은돈						

무백김치

◀ 재료

기본재료

무 3개, 미나리 ½단, 실파 ½단, 배 1개, 밤 5개, 대추 10개, 낙지 1마리, 석이버섯 3잎, 청각 50g, 마늘 2통, 생강 1쪽, 소금 ½C

◀ 만들기

1. 무는 반을 토막내어 중간에 세번쯤 칼집을 넣어 소금에 절인다.
2. 미나리, 파는 5cm길이로 썰고 밤, 대추, 석이, 배는 곱게 채 썬다.
3. 낙지는 깨끗이 씻어 5cm 길이로 토막을 낸다.
4. 위의 재료를 혼합하여 소금으로 간을 하여 속을 버무린다.
5. 절인 무의 칼집 사이에 ④의 속을 넣어 항아리에 차곡차곡 담아 소금으로 삼삼하게 간을 한 국물을 무가 잠길 정도로 붓는다.

오늘의 메모

	11 요일		12 요일		13 요일		14 요일		주 계	누 계
	내 용	금 액	내 용	금 액	내 용	금 액	내 용	금 액		
❶										
❷										
❸										
❹										
❺										
❻										
❼										
❽										
❾										
❿										
⑪										
⑫										
⑬										
⑭										
⑮										
⑯										
⑰										
⑱										
⑲										
⑳										

사람과 사람이 접촉함에 있어서 가장 큰 진리는 축고를 주고받는 진리이다.
- 베이컨 -

콩을 어릴 때부터 혼식하면 당뇨병에 걸리지 않는다.
초기 당뇨병은 생콩 분말을 3개월만 장복하면 근치의 효과가 있다.

June 6

인삼오이물김치

◀ 재료

오이 10개, 수삼 2뿌리, 잔파 10뿌리, 부추 30g, 무 100g, 고춧가루 4큰술, 다진 마늘 1작은술, 다진 생강 1작은술, 물 20C, 소금 6TS, 통깨, 실고추, 소금, 설탕

◀ 만들기

1. 토막낸 오이는 배쪽으로 세 번 칼집을 넣는다.
2. 칼집낸 ①의 오이를 소금에 살짝 절인다.
3. 수삼은 깨끗이 손질하여 작은 것은 그대로, 큰 것은 얇게 저며 썬다.
4. 부추와 잔파는 오이 길이에 맞게 썰어 놓는다.
5. 무는 곱게 채 썰어 놓는다.
6. 마늘과 생강은 곱게 다져 놓는다.
7. 무채에 잔파, 다진 마늘, 생강, 소금, 고춧가루를 넣어 잘 버무린 후 통깨, 실고추를 넣어 속을 버무린다.
8. 오이 속에 버무려 놓은 ⑦의 속을 넣는다.
9. 그릇에 고춧가루와 곱게 다진 마늘, 생강을 넣고 물을 약간 넣어 곱게 갠 다음 물에 풀고 소금, 설탕으로 간을 맞춘다.(고춧물을 물에 직접 풀지 않고 가제에 싸서 걸러 풀면 깨끗하다.)
10. 항아리에 ⑨의 오이와 수삼, 잔파, 부추를 담고, 국물을 붓는다.

	15 요일		16 요일		17 요일	
	내용	금액	내용	금액	내용	금액
❶ 고정수입						
❷ 기타수입						
❸ 주식비						
❹ 부식비						
❺ 기타(기호품)						
❻ 외식비						
❼ 식비합계						
❽ 의복비						
❾ 보건위생비						
❿ 주거·공과비						
⑪ 육아·교육비						
⑫ 문화·레저비						
⑬ 교통·통신비						
⑭ 가족용돈						
⑮ 축하·경조비						
⑯ 신용카드						
⑰ 저축·보험비						
⑱ 기타						
⑲ 지출합계						
⑳ 현재남은돈						

오늘의 메모

	18 요일		19 요일		20 요일		21 요일		주 계	누 계
	내 용	금 액	내 용	금 액	내 용	금 액	내 용	금 액		
①										
②										
③										
④										
⑤										
⑥										
⑦										
⑧										
⑨										
⑩										
⑪										
⑫										
⑬										
⑭										
⑮										
⑯										
⑰										
⑱										
⑲										
⑳										

어떠한 충고일지라도
길게 말하지 말라.
- 호라티우스 -

땀이 많이 흐르는 계절이다. 자칫 불쾌감을 주기 쉽다. 항상 몸을 청결하게 하고 외출시나 샤워한 후에는 가볍게 코롱을 사용한다.

June 6

팽이버섯냉채

◀ 재료

팽이버섯 30g, 오이 40g, 붉은 양배추(적채) 10g, 깨소금 3g, 참기름 5g, 레몬즙 1/2큰술, 설탕 1/2작은술, 소금 약간

◀ 만들기

1. 팽이버섯은 끝부분을 잘라 낸 다음 가닥가닥 떼어 씻어 놓는다.
2. 오이는 5cm로 토막을 낸 후 껍질을 도려 낸 다음 돌려깎기를 하여 채썬다.
3. 적채는 곱게 채썰어 팽이버섯, 오이와 함께 물에 적셨다 냉장고에 넣어 차게 준비한다.
4. 레몬즙이나 식초에 설탕, 소금, 참기름을 넣어 잘 혼합한 후 팽이, 오이, 적채, 깨소금을 넣어 살며시 버무려 간을 맞춘다.

	22 요일		23 요일		24 요일	
	내 용	금 액	내 용	금 액	내 용	금 액
① 고정수입						
② 기타수입						
③ 주식비						
④ 부식비						
⑤ 기타(기호품)						
⑥ 외식비						
⑦ 식비합계						
⑧ 의복비						
⑨ 보건위생비						
⑩ 주거·공과비						
⑪ 육아·교육비						
⑫ 문화·레저비						
⑬ 교통·통신비						
⑭ 가족용돈						
⑮ 축하·경조비						
⑯ 신용카드						
⑰ 저축·보험비						
⑱ 기타						
⑲ 지출합계						
⑳ 현재남은돈						

오늘의 메모

	25 요일		26 요일		27 요일		28 요일		주계	누계
	내용	금액	내용	금액	내용	금액	내용	금액		
①										
②										
③										
④										
⑤										
⑥										
⑦										
⑧										
⑨										
⑩										
⑪										
⑫										
⑬										
⑭										
⑮										
⑯										
⑰										
⑱										
⑲										
⑳										

인간은 지위가 높아질수록 발밑이 미끄러지기 쉽다.
- 타키투스 -

사과는 위의 소화작용도 돕고 변비에도 좋다. 사과즙을 아침 저녁 빈속에 1컵씩 10일 정도 복용하면 효과가 있다. 또 사과는 고혈압 환자나 병후 회복기에도 좋다.

June 6

무지를 두려워해서는 안된다.
거짓 지식을 두려워 하라.
- 파스칼 -

떡잡채

◀ 재료

흰떡 3가래(300g), 쇠고기 100g, 느타리버섯 100g, 당근 30g, 실파 50g, 미나리 30g, 소금, 통깨, 식용유, 간장 3큰술, 설탕 1큰술, 다진 마늘 1작은술, 깨소금 약간, 후추 1/2작은술, 참기름 1/2 큰술

◀ 만들기

1. 떡은 5cm 길이로 잘라서 굵게 썰어 놓는다.
2. 간장에 설탕, 다진 마늘, 후추, 깨소금 약간 넣어 양념간장을 만든다.
3. 쇠고기는 포를 떠서 채 썬 다음 ②의 양념간장에 무쳐 팬에 볶아 낸다.
4. 느타리버섯은 끓는 물에 소금을 넣고 살짝 데쳐 물기를 빼고 굵게 찢어 소금, 후추, 참기름으로 부쳐 놓는다.
5. 팬에 기름을 두르고 뜨거워지면 ④의 버섯을 살짝 볶아 낸다.
6. 당근도 굵게 채 썰어 팬에 기름을 두르고 소금 간하여 볶는다.
7. 실파, 미나리는 살짝 볶으면서 소금으로 간을 한다.
8. 팬에 기름을 두르고 떡을 볶으면서 설탕과 간장을 넣는다.
9. 넓은 그릇에 볶아 놓은 모든 재료를 합하여 골고루 무친 다음 참기름, 통깨, 실고추를 섞어 잡채를 만든다.
10. 접시에 ⑨의 떡잡채를 담는다.

	29 요일		30 요일			
	내 용	금 액	내 용	금 액	주 계	누 계
❶ 고정수입						
❷ 기타수입						
❸ 주식비						
❹ 부식비						
❺ 기타(기호품)						
❻ 외식비						
❼ 식비합계						
❽ 의복비						
❾ 보건위생비						
❿ 주거·공과비						
⑪ 육아·교육비						
⑫ 문화·레저비						
⑬ 교통·통신비						
⑭ 가족용돈						
⑮ 축하·경조비						
⑯ 신용카드						
⑰ 저축·보험비						
⑱ 기타						
⑲ 지출합계						
⑳ 현재남은돈						

감귤에는 테스페리딘이란 비타민P가 들어 있는데 이것은 혈관의 저항력을 높여주는 성분으로 감기에 즉효를 발휘한다. 감귤차를 오래도록 마시면 고혈압의 예방과 동맥 경화를 막아준다.

7 July 예산 · 결산

내용 · 계획	예 산	결 산	비 고
정기수입			
기타수입			
지난달 남은돈			
수입 합계			

	예 산	결 산	비 고
주식비			
부식비			
기호품			
외식비			
의복비			
보건위생비			
주거 · 공과비			
육아 · 교육비			
문화 · 레저비			
교통 · 통신비			
가족 용돈			
경조비			
저축 · 보험비			
기타			
특별비			
저축 / 저축성예금			
저축 / 요구불예금			
차입금 상환			
지출 합계			
현재 남은 돈			

이달에 해야 할일

1.
2.
3.
4.
5.
6.
7.
8.
9.
10.
11.
12.
13.
14.
15.
16.
17.
18.
19.
20.
21.
22.
23.
24.
25.
26.
27.
28.
29.
30.
31.

July 7

풋고추양념무침

◀ 재료

풋고추 3C, 밀가루 1C, 다진 마늘 1/2TS, 다진 파 2TS

양념장: 간장 4TS, 깨소금 1TS, 참기름 1TS, 실고추, 후추

◀ 만들기

1. 풋고추는 어린 것으로 골라서 꼭지를 따고 깨끗이 씻어 건진다.
2. 고추에 물기가 있을 때 마른 밀가루를 고추에 묻혀 찜통에 보를 깔고 쪄 낸다.
3. 간장에 다진 파, 마늘, 깨소금, 참기름, 실고추를 넣어 양념장을 만든다.
4. 찐 풋고추를 양념장에 고루 버무려 간을 맞춘다.

	1 요일		2 요일		3 요일	
	내용	금액	내용	금액	내용	금액
❶ 고정수입						
❷ 기타수입						
❸ 주식비						
❹ 부식비						
❺ 기타(기호품)						
❻ 외식비						
❼ 식비합계						
❽ 의복비						
❾ 보건위생비						
❿ 주거·공과비						
⓫ 육아·교육비						
⓬ 문화·레저비						
⓭ 교통·통신비						
⓮ 가족용돈						
⓯ 축하·경조비						
⓰ 신용카드						
⓱ 저축·보험비						
⓲ 기타						
⓳ 지출합계						
⓴ 현재남은돈						

오늘의 메모

4	요일	5	요일	6	요일	7	요일	같은 세계이지만 마음이 다르면 지옥도 되고 천국도 된다. - R.W. 에머슨 -	
내용	금액	내용	금액	내용	금액	내용	금액	주계	누계
①									
②									
③									
④									
⑤									
⑥									
⑦									
⑧									
⑨									
⑩									
⑪									
⑫									
⑬									
⑭									
⑮									
⑯									
⑰									
⑱									
⑲									
⑳									

복숭아의 과육은 담배의 니코틴 독을 풀어 주고 씨는 약재인 동시에 식용으로 쓰이는데 그대로 씹어 먹는 것보다 씨를 빼고 과육을 강판에 갈아서 생즙을 마시면 효과가 빠르다.

July 7

조개살오이초무침

◀ 재료

조갯살 300g, 오이 2개, 식초 1TS, 설탕 1TS, 소금 1/2 TS, 통깨 1ts, 실고추

◀ 만들기

1. 오이는 소금으로 비벼서 깨끗이 씻어 길이로 반을 자른 다음 어슷하게 썰어 소금에 절여 물기를 짜 놓는다.
2. 조갯살도 엷은 소금물에 씻어 건져 놓는다.
3. 끓는 물에 조갯살을 데쳐 놓는다.
4. 소금, 식초, 설탕을 잘 혼합해서 오이와 조갯살을 넣어 무친다.
5. 접시에 보기 좋게 담고, 그 위에 실고추와 통깨를 뿌려서 낸다.

	8 요일		9 요일		10 요일	
	내 용	금 액	내 용	금 액	내 용	금 액
① 고정수입						
② 기타수입						
③ 주식비						
④ 부식비						
⑤ 기타(기호품)						
⑥ 외식비						
❼ 식비합계						
⑧ 의복비						
⑨ 보건위생비						
⑩ 주거·공과비						
⑪ 육아·교육비						
⑫ 문화·레저비						
⑬ 교통·통신비						
⑭ 가족용돈						
⑮ 축하·경조비						
⑯ 신용카드						
⑰ 저축·보험비						
⑱ 기타						
⑲ 지출합계						
⑳ 현재남은돈						

오늘의 메모

11	요일	12	요일	13	요일	14	요일		
내용	금액	내용	금액	내용	금액	내용	금액	주 계	누 계
①									
②									
③									
④									
⑤									
⑥									
⑦									
⑧									
⑨									
⑩									
⑪									
⑫									
⑬									
⑭									
⑮									
⑯									
⑰									
⑱									
⑲									
⑳									

창조하는 일에는 신성한 긍정이 필요하다.
– 니체 –

장마철이 오기 전에 비옷과 우산 등을 챙긴다. 새로 구입할 것은 미리 마련하여 때없이 오는 비를 맞는 일이 없게 한다. 아이들이 소나기 등에 젖어서 들어오면 우선 머리를 타월로 닦아 주고 양말부터 벗긴다.

July 7

꼼장어볶음

◀ 재료

꼼장어 1마리, 양파 1/4개, 마늘 3쪽, 풋고추 1개, 홍고추 1개, 대파 1/2뿌리 우유 1/4컵, 소주 2큰술

양념장 : 고추장 2큰술, 고춧가루 1/2큰술, 설탕 1큰술, 간장 1큰술, 소주 1큰술, 다진마늘 1/2큰술, 다진생강 1/2작은술, 깨소금 1작은술, 후추, 참기름

◀ 만들기

1. 꼼장어는 손질하여 씻은 후 한입 크기로 썬 다음 소주와 우유에 20분정도 재워둔다.
2. 양파, 풋고추, 홍고추는 배를 갈라 씨를 털어낸 후 납작하게 썰고 대파는 2cm 길이로 썰고 양파는 납작하게 마늘은 저며 썬다.
3. 고추장에 고춧가루, 설탕, 간장, 소주, 다진마늘, 생강, 깨소금, 후추, 참기름으로 양념장을 만든다.
4. ③의 양념장에 꼼장어를 버무려 양념한다.
5. 팬에 기름을 넣고 양념한 꼼장어와 야채를 함께 넣고 볶는다.

	15 요일		16 요일		17 요일	
	내 용	금 액	내 용	금 액	내 용	금 액
① 고정수입						
② 기타수입						
③ 주식비						
④ 부식비						
⑤ 기타(기호품)						
⑥ 외식비						
⑦ 식비합계						
⑧ 의복비						
⑨ 보건위생비						
⑩ 주거·공과비						
⑪ 육아·교육비						
⑫ 문화·레저비						
⑬ 교통·통신비						
⑭ 가족용돈						
⑮ 축하·경조비						
⑯ 신용카드						
⑰ 저축·보험비						
⑱ 기타						
⑲ 지출합계						
⑳ 현재남은돈						

오늘의 메모

18 요일		19 요일		20 요일		21 요일		주계	누계
내용	금액	내용	금액	내용	금액	내용	금액		
①									
②									
③									
④									
⑤									
⑥									
⑦									
⑧									
⑨									
⑩									
⑪									
⑫									
⑬									
⑭									
⑮									
⑯									
⑰									
⑱									
⑲									
⑳									

마음이 천국을 만들고 또 지옥을 만든다.
- 밀턴 -

포도는 소화 불량에 좋다. 소화가 잘 안될 때 포도 생즙을 1컵만 마시면 곧 속이 후련해진다. 그리고 갑자기 열이 날 때 1컵만 마셔도 해열이 된다.

July 7

미역오이냉국

◀ 재료

마른미역(불린 것) 2컵, 오이 1개, 고춧가루 2작은술, 국간장 2큰술, 참기름 1작은술, 식초 4큰술, 다진마늘 2작은술, 설탕 1큰술, 물 4컵, 깨소금·얼음 약간씩

◀ 만들기

1. 물을 펄펄 끓여 식힌 다음 국간장, 설탕, 식초를 넣고 간을 맞춰 냉장고에 차게 넣어둔다.
2. 오이는 깨끗이 씻어 어슷 어슷하게 썰고 다시 곱게 채썰어 차게 해둔다.
3. 불린 미역을 살짝 데쳐서 짧게 썬 다음 다진 마늘, 고춧가루, 국간장을 넣고 무친다.
4. 양념한 미역을 그릇에 담고 채썬 오이를 얹은 다음, 냉장고에 차게 식혀 두었던 국물을 붓고 얼음을 띄우면 된다.

※ 미역은 깨끗이 씻어 살짝 데쳐 헹군 다음 써야 미끈거리지 않고 비린 맛도 덜 난다. 미역을 너무 오래 불리면 미역이 풀어져 제맛이 나지 않는다. 파는 넣지 않도록 한다.

※ 냉국은 시원한 국물과 새콤한 식초의 맛이 입맛을 돋구어 주므로 냉국은 다른 육류나 재료들을 한데 섞지 않고 한가지 재료로 담백한 맛을 내는 것이 좋다.

	22 요일		23 요일		24 요일	
	내용	금액	내용	금액	내용	금액
❶ 고정수입						
❷ 기타수입						
❸ 주식비						
❹ 부식비						
❺ 기타(기호품)						
❻ 외식비						
❼ 식비합계						
❽ 의복비						
❾ 보건위생비						
❿ 주거·공과비						
⓫ 육아·교육비						
⓬ 문화·레저비						
⓭ 교통·통신비						
⓮ 가족용돈						
⓯ 축하·경조비						
⓰ 신용카드						
⓱ 저축·보험비						
⓲ 기타						
⓳ 지출합계						
⓴ 현재남은돈						

오늘의 메모

	25 요일		26 요일		27 요일		28 요일		주계	누계
	내용	금액	내용	금액	내용	금액	내용	금액		
①										
②										
③										
④										
⑤										
⑥										
❼										
⑧										
⑨										
⑩										
⑪										
⑫										
⑬										
⑭										
⑮										
⑯										
⑰										
⑱										
⑲										
⑳										

인간의 소질은 모두 같다. 다만 환경이 차이를 낳을 따름이다.

― G.C. 리히텐베르크 ―

고구마의 주성분은 전분이므로 비만증인 사람이나 고혈압, 당뇨병, 심장질환을 앓는 사람에게는 좋지 않은 식품이다. 반면에 열량이 많기 때문에 발육기에 있는 어린이들에게는 아주 좋은 간식이라고 할 수 있다.

July 7

흰살 생선 탕수

◀ 재료

동태(흰살생선살)300g, 소금1/2작은술, 녹말1/2컵, 달걀1개, 표고4개, 양파1개, 당근1개, 피망1개

소스:간장1큰술, 육수3/2컵, 설탕2큰술, 식초2큰술, 물녹말6큰술, 참기름 소금 약간씩

◀ 만들기

1. 동태살은 사방 4cm로 잘라 소금, 후춧가루, 참기름으로 양념해 둔다.
2. 표고버섯은 미지근한 물에 담가 불리고 물기를 뺀다. 네모나게 썰고 소금, 후춧가루, 참기름으로 간 한다. 피망씨는 뺀다.
3. 양파, 피망은 네모나게 썰고 당근은 꽃모양으로 썬다.
4. 밑간한 동태살은 녹말을 묻힌 후 170도에서 2번 튀겨낸다.
5. 팬에 기름을 두르고 양파, 당근을 볶다 간장, 육수, 설탕, 소금을 넣고 끓인다.
6. 소스가 어느 정도 끓었으면 피망을 넣고 물녹말을 넣어 농도를 맞추고 마지막에 참기름을 넣는다.
7. 튀긴 생선살에 소스를 고루 끼얹어 낸다.

	29 요일		30 요일		31 요일	
	내용	금액	내용	금액	내용	금액
① 고정수입						
② 기타수입						
③ 주식비						
④ 부식비						
⑤ 기타(기호품)						
⑥ 외식비						
⑦ 식비합계						
⑧ 의복비						
⑨ 보건위생비						
⑩ 주거·공과비						
⑪ 육아·교육비						
⑫ 문화·레저비						
⑬ 교통·통신비						
⑭ 가족용돈						
⑮ 축하·경조비						
⑯ 신용카드						
⑰ 저축·보험비						
⑱ 기타						
⑲ 지출합계						
⑳ 현재남은돈						

좋지않은 예술가들은 항상 남의 안경을 쓰고 있다.
- 로댕 -

주계	누계
①	
②	
③	
④	
⑤	
⑥	
⑦	
⑧	
⑨	
⑩	
⑪	
⑫	
⑬	
⑭	
⑮	
⑯	
⑰	
⑱	
⑲	
⑳	

장마철에는 곰팡이를 특히 주의한다. 싱크대 속이나 개수대 밑, 가스대 주변의 벽면 등은 가끔 세제로 깨끗이 씻어 건조시키는 것이 좋다.

재활용아이디어

▶ 물비누 만드는 법

세수비누나 빨래비누를 사용하면 조각이 남지요. 물론 양파 망이나 스타킹에 모아서 사용해도 되지만 전자 레인지를 이용해서 물비누로 만들어 세탁기에 사용해 보세요. 그릇에 조각비누를 넣고 물을 잠길 정도로 부은 후 1분(양이 많으면 시간을 더 잡아야겠지요?)정도 가열하세요. 물론 향기 좋은 비누는 뚜껑을 덮지 않아도 되지만 냄새가 싫으시면 뚜껑을 덮으세요.
물비누는 피부가 약한 갓난아기나 어린이 옷 세탁에 사용하면 좋습니다.

▶ 과자봉지 재활용 하기

과자봉지 재활용이 된답니다. 라면봉지는 물론이고 깨끗하고 찢어지지 않은 과자봉지들은 잘 접어 모아 놓았다가 유용하게 사용하고 있어요.
라면봉지처럼 깨끗한 것들은 기름기가 있는 음식이나 도마에 물이드는 김치등을 썰때 도마에 쫙 편후 사용하고 살짝 걷어내면 도마도 깨끗하고 설겆이 걱정 끝이랍니다. 단 주의할건 뜨거운 것을 올려 놓으면 환경호르몬이 녹아 나올수 있음으로 식힌 후 하시거나 가급적 피해 주세요.
또 다른 활용방법으로는 냄새나는 쓰레기나 음식물등을 넣어 쓰레기봉투에 넣으면 청결하고 유용한듯 싶네요.

▶ 우유팩 이렇게 활용해 보세요

식용유와 참기름등은 케찹병 작은 사이즈에 담아 사용하는데 이때 200ml우유팩을 끼워 사용하면 기름이 흐르지도 않고 아주 좋답니다.
이때 우유팩 윗부분은 잘라 버리지 말고 안쪽으로 접어 넣어야 빠지지 않고 실용적입니다. (많은 주부님들이 알고 계시리라 생각되네요)
또하나 냉장고문에 음료수병들을 넣을수 있게 된곳이 있습니다. 그곳 바닥에 우유팩을 잘라 펴서 깔았더니 냉장고에 때도 묻지 않고 상처도 않나고 가끔씩 갈아 주기만 하면 청결문제는 끝이랍니다.!!
그리고 양념통 넣는곳엔 양념이 흘리기 쉬워서 그곳에도 우유팩을 깔아서 가끔씩 갈아주는 것으로 청소를 대신하고 있지요.
또하나!! 우유팩에 예쁜 시트지(색종이도 좋아요)를 붙여 전화기옆에 실리콘으로 고정시켜놓고 메모지 꽂이로 활용해 보세요.

8 August 예산 · 결산

내용·계획	예 산	결 산	비 고
정기수입			
기타수입			
지난달 남은돈			
수입 합계			

	예 산	결 산	비 고
주식비			
부식비			
기호품			
외식비			
의복비			
보건위생비			
주거·공과비			
육아·교육비			
문화·레저비			
교통·통신비			
가족 용돈			
경조비			
저축·보험비			
기타			
특별비			
저축 저축성예금			
저축 요구불예금			
차입금 상환			
지출 합계			

현재 남은 돈	

이달에 해야 할일

1	
2	
3	
4	
5	
6	
7	
8	
9	
10	
11	
12	
13	
14	
15	
16	
17	
18	
19	
20	
21	
22	
23	
24	
25	
26	
27	
28	
29	
30	
31	

August 8

골뱅이무침

◀ **재료**

골뱅이 150g, 오이 50g, 청고추 1개, 실파 2뿌리, 양파 1/4개

양념장 : 고춧가루 1.5큰술, 간장 1작은술, 식초 2큰술, 설탕 2큰술, 소금 1작은술, 통깨 1.2큰술, 마늘 1큰술, 참기름 1작은술

◀ **만들기**

1. 통조림 골뱅이는 국물을 따라 내고 큰 것은 2~3등분한다.
2. 오이는 반 갈라 길고 어슷하게 썰고, 청고추는 어슷하게 썬다.
3. 양파는 채 썰고, 실파는 3cm 길이로 썬다.
4. 그릇에 준비한 양념장 재료를 골고루 섞어 양념장을 만든다.
5. 준비한 재료를 ④의 양념장으로 골고루 무쳐 낸다.

	1 요일		2 요일		3 요일	
	내 용	금 액	내 용	금 액	내 용	금 액
① 고정수입						
② 기타수입						
③ 주식비						
④ 부식비						
⑤ 기타(기호품)						
⑥ 외식비						
❼ 식비합계						
⑧ 의복비						
⑨ 보건위생비						
⑩ 주거·공과비						
⑪ 육아·교육비						
⑫ 문화·레저비						
⑬ 교통·통신비						
⑭ 가족용돈						
⑮ 축하·경조비						
⑯ 신용카드						
⑰ 저축·보험비						
⑱ 기타						
⑲ 지출합계						
⑳ 현재남은돈						

오늘의 메모

4 요일		5 요일		6 요일		7 요일		주 계	누 계
내 용	금 액	내 용	금 액	내 용	금 액	내 용	금 액		
①									
②									
③									
④									
⑤									
⑥									
⑦									
⑧									
⑨									
⑩									
⑪									
⑫									
⑬									
⑭									
⑮									
⑯									
⑰									
⑱									
⑲									
⑳									

신 앞에서 우리는 모두 평등하게 현명하고 똑같이 어리석다.
- 아인슈타인 -

행주, 도마, 칼 식기류에 세균이 하나라도 붙어 있으면 5~6시간 후엔 중독이 될 만큼 번식한다. 때문에 하루에 한 번 쯤은 뜨거운 물로 살균한 후 햇볕에 말려 쓰는 것이 안전하다.

August 8

장조림

◀ 재료

쇠고기(홍두깨살) 600g, 간장 3/4C, 물 2C, 설탕 2TS, 마늘 20쪽

◀ 만들기

1. 쇠고기는 홍두깨살로 깨끗이 씻어 4cm길이로 토막을 내어 놓는다.
2. 냄비에 물을 붓고 고기를 넣어 오랫동안 푹 삶는다. 이 때 국물 위에 뜨는 찌꺼기는 걷어 낸다.
3. 고기가 푹 익으면 간장, 설탕을 넣고 마늘도 함께 넣어 은근한 불에서 서서히 끓여 놓는다.
4. ③의 재료가 식으면 기름은 걷어 내고 결대로 찢어 국물과 함께 저장한다.
5. 그릇에 담을 때에는 찢어 놓은 장조림과 통마늘을 옆옆이 담고 국물을 잘박하게 붓는다.

	8 요일		9 요일		10 요일	
	내 용	금 액	내 용	금 액	내 용	금 액
❶ 고정수입						
❷ 기타수입						
❸ 주식비						
❹ 부식비						
❺ 기타(기호품)						
❻ 외식비						
❼ 식비합계						
❽ 의복비						
❾ 보건위생비						
❿ 주거·공과비						
⓫ 육아·교육비						
⓬ 문화·레저비						
⓭ 교통·통신비						
⓮ 가족용돈						
⓯ 축하·경조비						
⓰ 신용카드						
⓱ 저축·보험비						
⓲ 기타						
⓳ 지출합계						
⓴ 현재남은돈						

오늘의 메모

11	요일	12	요일	13	요일	14	요일	어떤 이들은 열가지의 장점을 볼줄 모르고 한 가지의 단점에만 집착한다.	
								- 라 퐁텐느 -	
내 용	금 액	내 용	금 액	내 용	금 액	내 용	금 액	주 계	누 계
①									
②									
③									
④									
⑤									
⑥									
⑦									
⑧									
⑨									
⑩									
⑪									
⑫									
⑬									
⑭									
⑮									
⑯									
⑰									
⑱									
⑲									
⑳									

땀을 많이 흘리는 계절이다. 이때는 수분과 열량 손실이 많고 밥맛이 없어 쉬 지치게 된다. 이럴 때 육개장이나 곰국, 삼계탕 같이 뜨겁고 매운 음식으로 땀을 쭉 빼보는 것도 더위를 이기는 한 방법이다.

August 8

해물버섯잡채

◀ 재료

당면 150g, 새우 100g, 낙지 1마리(작은것), 피망 1개, 양파 1/2개, 붉은피망 1/2개, 표고버섯 2장, 느타리버섯 50g, 간장, 설탕, 참기름, 통깨, 소금

◀ 만들기

1. 면은 물에 담가 불렸다가 끓는 물에 삶아 헹구어 토막을 낸 다음 간장, 설탕, 참기름으로 무친다.
2. 새우는 씻어 놓고, 낙지는 먹통, 내장을 손질하여 씻어 5cm길이로 썰어서 끓는 물에 데쳐낸다.
3. 양파, 피망은 가늘게 채썬다. 포교버섯은 물에 불렸다가 채썰고, 느타리버섯은 데쳐 물기를 빼고 결이 뜯어서 각각 버섯 양념으로 밑간해 놓는다.
4. 양파, 피망을 소금으로 간하여 볶다가 버섯을 넣고 마지막에 새우, 낙지를 넣어 볶는다.
5. 팬에 기름을 두르고 당면을 볶다가 ④의 재료를 넣어 잘 섞고 참기름과 통깨를 넣는다.

	15 요일		16 요일		17 요일	
	내용	금액	내용	금액	내용	금액
❶ 고정수입						
❷ 기타수입						
❸ 주식비						
❹ 부식비						
❺ 기타(기호품)						
❻ 외식비						
❼ **식비합계**						
❽ 의복비						
❾ 보건위생비						
❿ 주거·공과비						
⓫ 육아·교육비						
⓬ 문화·레저비						
⓭ 교통·통신비						
⓮ 가족용돈						
⓯ 축하·경조비						
⓰ 신용카드						
⓱ 저축·보험비						
⓲ 기타						
⓳ **지출합계**						
⓴ 현재남은돈						

오늘의 메모

18 요일		19 요일		20 요일		21 요일		주 계	누 계
내 용	금 액	내 용	금 액	내 용	금 액	내 용	금 액		
①									
②									
③									
④									
⑤									
⑥									
⑦									
⑧									
⑨									
⑩									
⑪									
⑫									
⑬									
⑭									
⑮									
⑯									
⑰									
⑱									
⑲									
⑳									

> 집착을 버려라. 그러면 세상에서 가장 부유한 사람이 될 것이다.
> - 세르반테스 -

갱년기에 있는 사람들은 양파의 생즙을 장복하면 인삼이나 녹용보다 약효의 지속성이 강하다. 양파 1개에 과일 2개의 비율로 즙을 낸것을 섞어서 아침, 저녁으로 복용하면 정력이 강해지고 수면도 충분히 취할 수 있다.

August 8

	22 요일		23 요일		24 요일	
	내용	금액	내용	금액	내용	금액
① 고정수입						
② 기타수입						
③ 주식비						
④ 부식비						
⑤ 기타(기호품)						
⑥ 외식비						
❼ 식비합계						
⑧ 의복비						
⑨ 보건위생비						
⑩ 주거·공과비						
⑪ 육아·교육비						
⑫ 문화·레저비						
⑬ 교통·통신비						
⑭ 가족용돈						
⑮ 축하·경조비						
⑯ 신용카드						
⑰ 저축·보험비						
⑱ 기타						
⑲ 지출합계						
⑳ 현재남은돈						

오늘의 메모

오이샐러드

◀ 재료

오이 2개, 양상추 50g, 래디쉬 1개, 파슬리, 삶은 달걀 1개, 양파, 햄, 오이 피클, 마요네즈

◀ 만들기

1. 오이는 자그마한 것으로 2.5~3cm 통으로 토막낸다.
2. 삶은 달걀 흰자, 양파, 오이 피클, 햄은 곱게 다져 마요네즈에 버무린다.(양파는 다져 소금에 절였다가 물기를 짠다.)
3. ①의 오이는 가장자리를 조금 남기고 속을 파낸다.
4. ③의 오이 속에 ②속을 넣는다.(위로 소복이 올라와 보기 좋도록.)
5. ④의 오이 위에 달걀 노른자를 체에 내려 장식한다.
6. 접시에 ⑤를 돌려 담고 가운데 양상추를 손으로 찢어 소복이 담고, 위에 래디쉬·파슬리로 장식한다.

25 요일		26 요일		27 요일		28 요일		질투와 분노는 인간의 수명을 단축시키고 근심은 인간을 빨리 늙게한다. - 성서 -	
내용	금액	내용	금액	내용	금액	내용	금액	주계	누계
①									
②									
③									
④									
⑤									
⑥									
⑦									
⑧									
⑨									
⑩									
⑪									
⑫									
⑬									
⑭									
⑮									
⑯									
⑰									
⑱									
⑲									
⑳									

여름철에는 빨래가 쌓이게 된다. 장마가 며칠동안 계속되면 빨래 말리는 것도 큰일이다. 이 경우 선풍기 등을 이용해 완전히 건조시켜야 곰팡이가 생기는 것을 막을 수 있다.

August **8**

달걀전

◀ **재료**
달걀4개, 밀가루1/2컵, 홍고추 풋고추 1개씩, 소금 식초 약간씩, 식물성 식용유 약간

◀ **만들기**
1. 냄비에 소금, 식초1방울을 넣고 달걀을 13분 정도 완숙으로 삶는다.
2. 삶은 달걀은 껍질을 벗기고 커터기로 잘라 준비한다.
3. 썬 달걀에 밀가루를 앞뒤로 골고루 묻힌다.
4. 밀가루를 묻힌 달걀에 달걀물(소금을 넣어 간을 한다.)을 입힌다.
5. 후라이팬에 식용유를 여유있게 두르고 앞뒤로 지진다.
6. 홍고추와 풋고추를 잘게 썰어 완성된 달걀위에 올려 다시 한번 부쳐 낸다.

	29 요일		30 요일		31 요일	
	내용	금액	내용	금액	내용	금액
❶ 고정수입						
❷ 기타수입						
❸ 주식비						
❹ 부식비						
❺ 기타(기호품)						
❻ 외식비						
❼ 식비합계						
❽ 의복비						
❾ 보건위생비						
❿ 주거·공과비						
⓫ 육아·교육비						
⓬ 문화·레저비						
⓭ 교통·통신비						
⓮ 가족용돈						
⓯ 축하·경조비						
⓰ 신용카드						
⓱ 저축·보험비						
⓲ 기타						
⓳ 지출합계						
⓴ 현재남은돈						

참된 진리라는 것은 항상
진리같지 않는 것이다.
- 도스토예프스키 -

주계	누계
❶	
❷	
❸	
❹	
❺	
❻	
❼	
❽	
❾	
❿	
⑪	
⑫	
⑬	
⑭	
⑮	
⑯	
⑰	
⑱	
⑲	
⑳	

강하게 내리쬐는 자외선은 피부를 빨갛게 달아오르게 하고 거칠게 하여 노화를 촉진시킨다. 자외선이 강한 오전 10시부터 오후 2시까지는 외출은 피하고 모자나 양산, 자외선 차단 화장품으로 각별히 피부를 보호한다.

건강과 미용

◐ 발 냄새를 없애려면

-> 식초와 백반물에 발 담그기
물 한 대야에 식초 5큰술을 넣고 백반 가루를 1큰술 넣는다. 발냄새뿐만 아니라 무좀에도 효과 만점이다.

-> 발 전용 로션 바르기
발냄새가 나는 것은 땀 때문이기도 하지만 열이 많다는 체질적인 문제. 꽉끼는 샌들로 발을 혹사시킨 원인도 있다. 땀을 덜 나게 하는 전문 제품. 발 피로를 풀어주는 제품 들을 발라보자. 땀이. 발냄새가 사라지는 것을 느낄 수 있다.

-> 생강이 지름길
밤에 발을 씻었는데도 발냄새가 사라지지 않는 사람은 자기 전에 생강을 짓이겨 30분 정도 발까락 사이에 붙여보자. 생강은 생선이나 미린내를 제거하는 뛰어난 천연 탈취제이다.

-> 발을 건조하게 유지한다.
발을 항상 보송보송하게 유지하면 냄새가 날 염려가 거의 없다. 발을 씻은 후 파우더를 발까락 사이뿐만 아니라 발등, 발바닥에도 듬뿍듬뿍 발라준다. 가방 속에 넣어 가지고 다니면서 사용해도 좋다.

-> 신발에서 냄새가 난다
신발은 일주일에 한번은 통풍이 잘드는 곳에서 말린다. 그래도 냄새가 난다면 명반이나 박하를 가제에 싸서 밤새 넣어둔다. 명반은 습기를 빨아들이는 효과가 있다.

◐ 수영시 얼굴 피부 관리하는 법

수영장을 다니면서 피부가 거칠어졌다며 그 이유를 수영장 물의 소독약 탓으로 돌리는 사람들이 많다. 그러나 진짜 이유는 오히려 다른 데 있다. 수영 후 피부는 각질이 부풀어 있어 작은 물리적 · 화학적 자극에도 손상되기 쉬운 상태다. 이렇게 약해진 피부에 비누 칠을 하고 뜨거운 물로 씻어내리는 샤워를 한다면 제아무리 탱탱한 피부라도 얼마 못 가 거칠어질 수밖에 없다. 수영 후 비누칠을 하거나 때를 밀어내는 행동을 삼가고, 샤워 후에는 보습제를 꼭 발라줘야 한다.

9 September 예산·결산

내용·계획	예 산	결 산	비 고
정기수입			
기타수입			
지난달 남은돈			
수입 합계			

	예 산	결 산	비 고
주식비			
부식비			
기호품			
외식비			
의복비			
보건위생비			
주거·공과비			
육아·교육비			
문화·레저비			
교통·통신비			
가족 용돈			
경조비			
저축·보험비			
기타			
기타			
특별비			
저축 / 저축성예금			
저축 / 요구불예금			
차입금 상환			
지출 합계			
현재 남은 돈			

이달에 해야 할일

1	
2	
3	
4	
5	
6	
7	
8	
9	
10	
11	
12	
13	
14	
15	
16	
17	
18	
19	
20	
21	
22	
23	
24	
25	
26	
27	
28	
29	
30	
31	

September 9

조개살 무침

◀ 재료

조갯살 200g, 풋마늘 80g

초고추장 : 고추장 2큰술. 식초 1큰술. 생강즙 1/2작은술. 설탕 1/2큰술. 다진 파 1큰술. 다진 마늘 1작은술. 통깨 1작은술

◀ 만들기

1. 조갯살을 깨끗이 씻어 끓는 물에 넣어 삶아 건진 후 물기를 꼭 짠다.
2. 풋마늘은 3cm 길이로 썰어 끓는 소금물에 넣어 살짝 데친 후 찬물에 헹궈 물기를 꼭 짠다.
3. 고추장에 식초, 생강즙, 설탕, 다진 파·마늘, 통깨로 초고추장을 만든다.
4. 조갯살과 풋마늘을 ③의 초고추장에 버무려 담는다. 풋마늘 대신 데친 냉이, 데친 잔 파, 데친 미나리 등을 이용해도 좋다.

	1 요일		2 요일		3 요일	
	내용	금액	내용	금액	내용	금액
① 고정수입						
② 기타수입						
③ 주식비						
④ 부식비						
⑤ 기타(기호품)						
⑥ 외식비						
⑦ 식비합계						
⑧ 의복비						
⑨ 보건위생비						
⑩ 주거·공과비						
⑪ 육아·교육비						
⑫ 문화·레저비						
⑬ 교통·통신비						
⑭ 가족용돈						
⑮ 축하·경조비						
⑯ 신용카드						
⑰ 저축·보험비						
⑱ 기타						
⑲ 지출합계						
⑳ 현재남은돈						

오늘의 메모

4 요일		5 요일		6 요일		7 요일		합리적인 것은 진실하며, 진실한 것은 합리적이다. — 헤겔 —	
내용	금액	내용	금액	내용	금액	내용	금액	주계	누계
①									
②									
③									
④									
⑤									
⑥									
⑦									
⑧									
⑨									
⑩									
⑪									
⑫									
⑬									
⑭									
⑮									
⑯									
⑰									
⑱									
⑲									
⑳									

식초는 살균력이 강해 생야채를 씻을 때 식초물에 헹구는 것이 좋다. 딸기를 먹고 식중독을 일으키는 경우가 가끔 있다. 딸기의 육질이 물렁물렁하여 농약이나 살충제의 침투를 많이 받기 때문이다.

September 9

김치떡국

◀ 재료
김치 200g, 흰떡 6C, 멸치 10개, 달걀 1개(大), 대파 1뿌리, 다진 마늘 1큰술, 소금·후추

◀ 만들기
1. 김치는 속을 털어 내고 줄기 부분으로 잘게 썬다.
2. 멸치는 내장을 발라 손질하여 씻는다.
3. 마늘은 다지고, 대파는 어슷하게 썰고, 달걀은 풀어 놓는다.
4. 냄비에 김치와 멸치를 넣고 물을 부어 끓인다.
5. ④에 흰떡을 넣고 다진 마늘을 넣어 끓인다.
6. 떡이 익었으면 대파를 넣고, 소금·후추를 넣어 간을 맞춘 후 달걀을 풀어 끓인다.

	8 요일		9 요일		10 요일	
	내 용	금 액	내 용	금 액	내 용	금 액
❶ 고정수입						
❷ 기타수입						
❸ 주식비						
❹ 부식비						
❺ 기타(기호품)						
❻ 외식비						
❼ 식비합계						
❽ 의복비						
❾ 보건위생비						
❿ 주거·공과비						
⓫ 육아·교육비						
⓬ 문화·레저비						
⓭ 교통·통신비						
⓮ 가족용돈						
⓯ 축하·경조비						
⓰ 신용카드						
⓱ 저축·보험비						
⓲ 기타						
⓳ 지출합계						
⓴ 현재남은돈						

오늘의 메모

	11	요일	12	요일	13	요일	14	요일	주 계	누 계
	내 용	금 액	내 용	금 액	내 용	금 액	내 용	금 액		
①										
②										
③										
④										
⑤										
⑥										
⑦										
⑧										
⑨										
⑩										
⑪										
⑫										
⑬										
⑭										
⑮										
⑯										
⑰										
⑱										
⑲										
⑳										

우리가 저지르는 가장 나쁜 잘못은 남의 잘못에 대해 선입견을 갖는 것이다.
- 칼릴 지브란 -

피부를 아름답게 하려면 아침마다 일어나서 바로 공복에 냉수 1컵에 식초 1티스푼을 넣어서 마시는 것을 꾸준히 하면 오장육부가 활력을 찾고 부신의 기능이 강화된다. 혈액도 맑아져 피부가 아름다워진다.

September 9

감자샐러드

◀ 재료
감자 300g, 만다린 10개, 당근 50g, 달걀 1개, 체리 1개, 마요네즈 2TS, 상추 2잎, 파슬리 1잎, 파슬리가루 조금

◀ 만들기
1. 감자는 1cm정도로 네모나게 썰어 소금물에 삶아 내서 차게 식힌다.
2. 당근도 감자와 같은 크기로 썰어 삶아 내어 식힌다.
3. 달걀은 15분 삶아 완숙을 하여 노른자와 흰자를 분리하여 흰자는 감자와 비슷한 크기로 썬다.
4. 파슬리는 곱게 다진 다음 가제에 싸서 물에 헹구어 물기를 꼭 짜서 파슬리 가루를 만든다.
5. 만다린(귤통조림)은 물기를 닦고, 귤이 나오는 계절에는 귤을 다듬어 사용해도 된다.
6. 오목한 그릇에 감자, 당근, 삶은 달걀, 만다린을 담고 마요네즈를 넣어 잘 혼합하여 소금, 후추로 양념을 한다.
7. 샐러드 접시에 상추를 깔고 ⑥의 감자 샐러드를 보기 좋게 담는다.
8. 샐러드 위에 만다린, 체리, 파슬리를 얹고 달걀 노른자를 체에 가루를 내어 파슬리 가루와 같이 뿌려 낸다.

	15 요일		16 요일		17 요일	
	내용	금액	내용	금액	내용	금액
❶ 고정수입						
❷ 기타수입						
❸ 주식비						
❹ 부식비						
❺ 기타(기호품)						
❻ 외식비						
❼ 식비합계						
❽ 의복비						
❾ 보건위생비						
❿ 주거·공과비						
⓫ 육아·교육비						
⓬ 문화·레저비						
⓭ 교통·통신비						
⓮ 가족용돈						
⓯ 축하·경조비						
⓰ 신용카드						
⓱ 저축·보험비						
⓲ 기타						
⓳ 지출합계						
⓴ 현재남은돈						

오늘의 메모

18 요일		19 요일		20 요일		21 요일		진실한 사랑의 마음은 언제나 편혼하다.	
								- 세익스피어 -	
내 용	금 액	내 용	금 액	내 용	금 액	내 용	금 액	주 계	누 계
❶									
❷									
❸									
❹									
❺									
❻									
❼									
❽									
❾									
❿									
⓫									
⓬									
⓭									
⓮									
⓯									
⓰									
⓱									
⓲									
⓳									
⓴									

고추가 많이 나오기 시작하므로 물고추를 장만하여 가을 햇살에 잘 말려서 김장 및 1년동안 사용할 고춧가루를 준비한다.

September 9

오징어초회

◀ 재료
오징어 2마리, 오이, 양파 1/2개씩, 무 120g, 배 80g, 미나리 20g, 풋고추 2개, 굵은 파 1/2대, 식초, 설탕
양념장 : 고추장, 다진 마늘 1 큰술씩, 고춧가루, 식초 3큰술

◀ 만들기
1. 오징어는 껍질을 벗기고 몸통 겉쪽에 가로, 세로 칼집을 넣은 다음 2.5cm 크기로 썰어 살짝 데친다.
2. 무는 굵게 채썰고, 오이는 어슷썰어 식초, 설탕, 소금에 절였다가 물기를 꼭 짠다.
3. 양파와 배는 굵게 채썰고, 미나리는 줄기만 다듬어 3cm 길이로 썬다.
4. 풋고추와 굵은 파는 어슷 썬다.
5. 분량의 재료를 고루 섞은 양념장에 오징어와 야채를 넣고 고루 버무린 다음 소금으로 간을 맞춘다.

	22 요일		23 요일		24 요일	
	내 용	금 액	내 용	금 액	내 용	금 액
❶ 고정수입						
❷ 기타수입						
❸ 주식비						
❹ 부식비						
❺ 기타(기호품)						
❻ 외식비						
❼ 식비합계						
❽ 의복비						
❾ 보건위생비						
❿ 주거·공과비						
⑪ 육아·교육비						
⑫ 문화·레저비						
⑬ 교통·통신비						
⑭ 가족용돈						
⑮ 축하·경조비						
⑯ 신용카드						
⑰ 저축·보험비						
⑱ 기타						
⑲ 지출합계						
⑳ 현재남은돈						

오늘의 메모

25 요일		26 요일		27 요일		28 요일		노력은 적게 하고 많은 것을 얻으려는 곳에 허술이 숨어 있다. - 괴테 -	
내 용	금 액	내 용	금 액	내 용	금 액	내 용	금 액	주 계	누 계
①									
②									
③									
④									
⑤									
⑥									
⑦									
⑧									
⑨									
⑩									
⑪									
⑫									
⑬									
⑭									
⑮									
⑯									
⑰									
⑱									
⑲									
⑳									

고추는 좋은 식품이다. 그러나 신체가 허약한 사람이나 장이 약한 사람들은 많이 먹지 않는 것이 좋다. 아무리 좋은 음식이라도 모든 사람에게 좋기만 한 것이 결코 아니다.

September 9

	29 요일		30 요일		
	내 용	금 액	내 용	금 액	주 계	누 계
❶ 고정수입						
❷ 기타수입						
❸ 주식비						
❹ 부식비						
❺ 기타(기호품)						
❻ 외식비						
❼ **식비합계**						
❽ 의복비						
❾ 보건위생비						
❿ 주거·공과비						
⓫ 육아·교육비						
⓬ 문화·레저비						
⓭ 교통·통신비						
⓮ 가족용돈						
⓯ 축하·경조비						
⓰ 신용카드						
⓱ 저축·보험비						
⓲ 기타						
⓳ **지출합계**						
⓴ 현재남은돈						

옛것을 가까이하여 새것을 알고, 이로써 스승을 삼을 지어다.
— 논어 —

새우완자탕

◀ 재 료

쇠고기(양지머리) 200g, 콩나물 200g, 김치 200g, 풋고추 2개, 홍고추 2개, 고춧가루 4TS, 다진 마늘 4ts, 다진 대파 4TS, 깨소금 4ts, 새우젓, 소금, 후추

◀ 만들기

1. 쇠고기는 양지머리로 통마늘을 넣고 푹 끓여 육수를 만들고, 고기는 건져 얇게 저며 썬다.(쇠고기 대신 잡뼈를 푹 끓여 뼈국물로 써도 좋다.)
2. 밥은 육수나 물을 붓고 고실고실하게 짓는다.
3. 콩나물은 꼬리를 떼고 소금을 넣고 살짝 삶는다.
4. 풋고추, 홍고추는 배를 갈라 씨를 뺀 후 잘게 다지고 대파는 송송 썬다.
5. 익은 김치는 잘게 썬다.
6. 뚝배기에 밥을 담고 김치, 콩나물, 삶은 고기를 담고 ①의 육수를 붓는다.
7. ⑥에 풋고추, 홍고추, 대파, 다진 마늘, 깨소금, 고춧가루, 후추를 넣고 끓인다.
8. ⑦에 새우젓이나 소금으로 간을 맞춘다.

송편은 추석의 대표적인 음식이다. 온 가족이 함께 모여 앉아 빚은 송편은 한국적인 정서가 가득 담긴 음식이다.

10 October 예산·결산

내용·계획	예 산	결 산	비 고
정기수입			
기타수입			
지난달 남은돈			
수입 합계			

		예 산	결 산	비 고
	주식비			
	부식비			
	기호품			
	외식비			
	의복비			
	보건위생비			
	주거·공과비			
	육아·교육비			
	문화·레저비			
	교통·통신비			
	가족 용돈			
	경조비			
	저축·보험비			
기타				
	특별비			
저축	저축성예금			
	요구불예금			
	차입금 상환			
지출 합계				

현재 남은 돈		

이달에 해야 할일

1	
2	
3	
4	
5	
6	
7	
8	
9	
10	
11	
12	
13	
14	
15	
16	
17	
18	
19	
20	
21	
22	
23	
24	
25	
26	
27	
28	
29	
30	
31	

October 10

참쌀새우찜밥

◀ 재료
불린 찹쌀 3컵, 밤 5개, 새우 8마리, 햄 100g, 죽순 1개, 표고버섯 4장, 대파 1/2뿌리, 육수 1/2컵, 간장 2큰술, 조미술 2큰술, 소금, 참기름

◀ 만들기
1. 재료 손질하기 - 찹쌀은 씻어 불려 찌고, 밤은 삶아 놓는다. 새우는 내장을 손질하여 씻어 물기를 빼 놓는다. 햄, 죽순, 표고버섯은 잘게 썰어 놓는다. 대파는 송송 썬다.
2. 참기름에 볶기 - 팬에 참기름을 살짝 두르고 송송 썬 대파를 넣어 볶다가 햄, 밤, 야채를 넣어 함께 볶는다.
3. 육수 간하기 - 육수에 간장, 조미술, 소금을 넣어 간을 맞추어 한소끔 끓인다.
4. 재료 섞기 - 쪄놓은 찰밥에 햄, 밤, 야채를 넣고 고루 잘 섞은 다음 육수를 붓고 참기름을 넣어 간을 맞춘다.
5. 찜통에 찌기 - 찜그릇에 간을 맞춘 밥을 담고 새우를 가지런히 얹어 찜통에 10분 정도 쪄낸다.

	1 요일		2 요일		3 요일	
	내용	금액	내용	금액	내용	금액
❶ 고정수입						
❷ 기타수입						
❸ 주식비						
❹ 부식비						
❺ 기타(기호품)						
❻ 외식비						
❼ 식비합계						
❽ 의복비						
❾ 보건위생비						
❿ 주거·공과비						
⓫ 육아·교육비						
⓬ 문화·레저비						
⓭ 교통·통신비						
⓮ 가족용돈						
⓯ 축하·경조비						
⓰ 신용카드						
⓱ 저축·보험비						
⓲ 기타						
⓳ 지출합계						
⓴ 현재남은돈						

오늘의 메모

4 요일		5 요일		6 요일		7 요일		주 계	누 계
내 용	금 액	내 용	금 액	내 용	금 액	내 용	금 액		
①									
②									
③									
④									
⑤									
⑥									
⑦									
⑧									
⑨									
⑩									
⑪									
⑫									
⑬									
⑭									
⑮									
⑯									
⑰									
⑱									
⑲									
⑳									

진실하기 때문에 좌절하지만 진실을 포기하지 않기에 재기한다.
– 제리 맥과이어 –

한복은 보통 접어서 보관하는데 맨 밑에 두면 눌려서 구겨지거나 모양이 변하므로 될 수록 윗쪽이 겉으로 나오게 뒤집어서 옷걸이에 두는 것이 구김이 생기지 않아 좋다.

October 10

전복죽

◀ 재료

전복 4개(大), 불린 쌀 2C, 물 14C, 양파 1개, 당근 40g, 달걀 4개(小), 김 2장, 소금, 잣가루, 참기름

◀ 만들기

1. 쌀은 깨끗이 씻어 충분히 물에 불려 놓는다.
2. 전복은 먼저 껍질을 솔로 문질러 씻은 다음 칼로 도려 내어 내장을 떼고 깨끗이 씻어서 납작하게 썰어 놓는다.
3. 양파는 보통 굵기로 채 썰고, 당근은 납작하게 썰어 놓는다.
4. 냄비에 참기름을 넣고 쌀과 전복을 넣어 볶다가 물을 붓고 중간 불에서 오래 끓인다.
5. 쌀알이 거의 퍼지면 썰어 놓은 양파와 당근을 넣고 나무주걱으로 잘 저으면서 야채를 익힌다.
6. 야채가 무르면 달걀 흰자를 풀어 넣고 다시 살짝 끓여 놓는다.
7. 죽이 완성되면 그릇에 담고, 가운데에 달걀 노른자를 얹고 주위에 잣가루와 구운 김을 가루로 만들어 얹는다.
8. 전복죽에 통깨를 뿌리고 참기름을 끼얹으면 더욱 고소하다.

	8 요일		9 요일		10 요일	
	내 용	금 액	내 용	금 액	내 용	금 액
① 고정수입						
② 기타수입						
③ 주식비						
④ 부식비						
⑤ 기타(기호품)						
⑥ 외식비						
⑦ 식비합계						
⑧ 의복비						
⑨ 보건위생비						
⑩ 주거·공과비						
⑪ 육아·교육비						
⑫ 문화·레저비						
⑬ 교통·통신비						
⑭ 가족용돈						
⑮ 축하·경조비						
⑯ 신용카드						
⑰ 저축·보험비						
⑱ 기타						
⑲ 지출합계						
⑳ 현재남은돈						

오늘의 메모

	11 요일		12 요일		13 요일		14 요일		주 계	누 계
	내 용	금 액	내 용	금 액	내 용	금 액	내 용	금 액		
①										
②										
③										
④										
⑤										
⑥										
⑦										
⑧										
⑨										
⑩										
⑪										
⑫										
⑬										
⑭										
⑮										
⑯										
⑰										
⑱										
⑲										
⑳										

마음이 나누어주는 것은 결코 사라지지 않습니다. 그것은 다른 사람들의 가슴 안에 저장됩니다.
- 로빈 세인트 존 -

수족이 냉하며 저리고 아픈 데는 검정깨 1되를 잘 볶아 으깬 다음 항아리에 넣고 뜨거운 술 1되를 부어 7일간 담구어 둔다. 이것을 매일 식전 또는 식후에 소주잔으로 1~2잔씩 따뜻하게 해서 장복하면 매우 좋다.

October 10

근대국

◀ 재료
근대 150g, 마른새우 10g, 대파 20g, 풋고추 10g, 홍고추 10g, 수제비 50g, 다진마늘 10g, 멸치 20g, 된장 120g, 고운고춧가루 10g, 소금약간

◀ 만들기
1. 근대는 다듬어 씻어 4cm 정도 길이로 잘라 끓는물에 데쳐 놓는다.
2. 대파와 풋고추, 홍고추는 어슷썬다.
3. 찬물에 멸치를 넣고 끓이다 거즈에 거른후 된장은 콩알이 없게 체에 내리고 고춧가루를 넣고 끓인다.
4. 마른새우를 먼저 넣고 끓이다 근대와 대파 다진마늘순으로 넣고 끓인다.
5. 마지막에 풋고추, 홍고추를 넣고, 소금으로 간을 맞춘다.

	15 요일		16 요일		17 요일	
	내 용	금 액	내 용	금 액	내 용	금 액
① 고정수입						
② 기타수입						
③ 주식비						
④ 부식비						
⑤ 기타(기호품)						
⑥ 외식비						
⑦ 식비합계						
⑧ 의복비						
⑨ 보건위생비						
⑩ 주거·공과비						
⑪ 육아·교육비						
⑫ 문화·레저비						
⑬ 교통·통신비						
⑭ 가족용돈						
⑮ 축하·경조비						
⑯ 신용카드						
⑰ 저축·보험비						
⑱ 기타						
⑲ 지출합계						
⑳ 현재남은돈						

오늘의 메모

18 요일		19 요일		20 요일		21 요일		외로움의 가장 큰 문제는 자신만이 외롭다고 생각하는 것이다. — 존. 록펠러 —	
내 용	금 액	내 용	금 액	내 용	금 액	내 용	금 액	주 계	누 계
①									
②									
③									
④									
⑤									
⑥									
⑦									
⑧									
⑨									
⑩									
⑪									
⑫									
⑬									
⑭									
⑮									
⑯									
⑰									
⑱									
⑲									
⑳									

가을에는 단풍소식이 반갑다. 북쪽 지방부터 단풍이 들기 시작해 온통 붉은 가을이다. 하늘은 맑고 높아 청명하다. 하이킹이나 등산을 즐기기에도 아주 좋은 날씨이다.

October 10

라면맑은탕

◀ 재 료

라면 3인분, 쑥갓 약간, 실파 3뿌리, 데친 당근 30g, 팽이버섯 1봉지, 달걀말이, 잘게 썬 대파 약간, 라면국물(다시마물 4컵, 청주 1큰술, 간장 1큰술, 소금 약간)

◀ 만들기

1. 팽이버섯은 밑동을 잘라 내고 가닥을 분리한다.
2. 쑥갓은 깨끗하게 씻어 팽이버섯과 같은 길이로 썰고, 실파도 다듬어서 같은 길이로 썬다.
3. 데친 당근은 꽃모양으로 얇게 저며 썰고 싶파는 7cm길이로 잘라 반으로 갈라 썬다.
4. 라면은 끓는 물에 고들하게 삶아 찬물에 헹구어 낸다.
5. 라면국물을 만들어 끓을 때 ④의 라면과 당근, 팽이버섯, 실파를 넣고 한소끔 끓인다.
6. ⑤의 라면에 달걀말이 썬 것과 잘게 썬 대파, 쑥갓을 올려 장식한다.

※ 라면맑은탕은 라면을 그냥 끓일 때보다 칼로리를 줄일 수 있는 조리법이며 시원한 라면 국물맛을 즐길 수 있는 독특한 라면 메뉴이다.

	22 요일		23 요일		24 요일	
	내 용	금 액	내 용	금 액	내 용	금 액
① 고정수입						
② 기타수입						
③ 주식비						
④ 부식비						
⑤ 기타(기호품)						
⑥ 외식비						
⑦ 식비합계						
⑧ 의복비						
⑨ 보건위생비						
⑩ 주거·공과비						
⑪ 육아·교육비						
⑫ 문화·레저비						
⑬ 교통·통신비						
⑭ 가족용돈						
⑮ 축하·경조비						
⑯ 신용카드						
⑰ 저축·보험비						
⑱ 기타						
⑲ 지출합계						
⑳ 현재남은돈						

오늘의 메모

25 요일		26 요일		27 요일		28 요일		인간은 자신이 얼마큼 마음 먹느냐에따라 행복해진다.	
								- 에이브라함 링컨 -	
내용	금액	내용	금액	내용	금액	내용	금액	주계	누계
①									
②									
③									
④									
⑤									
⑥									
⑦									
⑧									
⑨									
⑩									
⑪									
⑫									
⑬									
⑭									
⑮									
⑯									
⑰									
⑱									
⑲									
⑳									

등산 못지 않게 낚시를 즐기는 사람도 많아지는데 강이나 호수, 또는 바다로 나가기 전에 일기예보를 듣고 가며 항상 날씨의 급변에 대비해야 안전하다.

October 10

온면

◀ 재료

국수 600g, 다진 고기 150g, 호박 ½개, 실고추, 석이버섯, 소금

양념장 : 깨소금 1TS, 다진 마늘 1TS, 다진 파 2TS, 간장, 참기름

◀ 만들기

1. 국수를 끓는 물에 삶아서 찬물에 헹구어 놓는다.
2. 호박은 채 썰고 소금에 살짝 절였다가 물기를 빼고 기름에 볶아 참기름 · 통깨 · 실고추를 넣어 양념해 놓는다.
3. 육수를 끓인 고기는 건져서 다져 양념장에 무친 다음 냄비에 기름을 두르고 볶아 놓는다.
4. 달걀은 소금을 넣고 풀어 팬을 뜨겁게 달군 후 지단을 부쳐서 곱게 채 썰어 놓는다.
5. 육수 국물을 끓이다가 다진 마늘을 넣고 간장 · 소금으로 간을 맞춘다.
6. 간장에 깨소금 · 다진 마늘 · 다진 파 · 참기름을 섞어 양념장을 만들어 놓는다.
7. 그릇에 국수를 담고, 뜨거운 육수를 붓고 호박나물, 고기, 지단, 실고추, 석이버섯 등을 얹는다.

	29 요일		30 요일		31 요일	
	내 용	금 액	내 용	금 액	내 용	금 액
❶ 고정수입						
❷ 기타수입						
❸ 주식비						
❹ 부식비						
❺ 기타(기호품)						
❻ 외식비						
❼ 식비합계						
❽ 의복비						
❾ 보건위생비						
❿ 주거·공과비						
⓫ 육아·교육비						
⓬ 문화·레저비						
⓭ 교통·통신비						
⓮ 가족용돈						
⓯ 축하·경조비						
⓰ 신용카드						
⓱ 저축·보험비						
⓲ 기타						
⓳ 지출합계						
⓴ 현재남은돈						

운명은 용감한 사람을 겁내고 겁쟁이 에겐 겁내게 한다.
- 세네카 -

주계	누계
①	
②	
③	
④	
⑤	
⑥	
❼	
⑧	
⑨	
⑩	
⑪	
⑫	
⑬	
⑭	
⑮	
⑯	
⑰	
⑱	
⑲	
⑳	

밤, 대추, 사과, 배 등 각종 실과가 무르익는 계절이다. 값싸고 흔할 때 많이 구입하여 여러가지 과실주를 담가둔다.

행복한이야기 Memo

건강과 미용

*** 머리 손질법 ***

1. 브러싱
브러싱은 두피에 쌓인 먼지와 노폐물, 비듬을 제거해주는 것은 물론 혈액의 흐름을 촉진시켜서 윤기 있는 머릿결을 만들어준다. 브러싱 은 뒤쪽에서 앞쪽으로, 왼쪽에서 오른쪽 순으로 한다.

2. 샴푸
물의 온도는 만졌을 때 따뜻한 38~40°C가 적당. 샴푸 후에는 충분히 헹구는 것이 중요하다. 샴푸는 이틀에 한 번이 적당하지만, 머리가 잘 가라앉는 사람은 하루는 샴푸, 다음날엔 트리트먼트를 바르고 깨끗이 헹구기만 하면 된다.

3. 린스
샴푸 후 모발의 물기를 털어내고 촉촉한 상태에서 린스를 손에 덜어 머리에 마사지한다. 두피에 린스가 남지 않게 깨끗이 헹구어낸다. 따뜻한 물로 헹구면 볼륨 있는 헤어스타일이 가능하고 곱슬머리나 퍼머머리는 찬물로 헹궈준다.

4. 트리트먼트
샴푸와 린스 후 모발을 가볍게 말린 다음 적당량의 트리트먼트를 모발에 바르고 2~3분 후 따뜻한 물로 헹구어낸다. 캡을 쓰고 시간을 늘리면 더 효과적. 한 번에 많은 양을 사용하는 것보다 적당량을 자주, 지속적으로 사용하자.

5, 타월로 말리기
젖은 머리를 충분히 말리지 않고 자게 되면 마찰에 의해서 모발이 손상을 입게 되므로 반드시 말리고 잔다. 말릴 때는 타월로 가볍게 두드리듯이 해서 물기를 없앤다. 올이 촘촘하고 소재가 부드러워 수분 흡수율이 좋은 타월을 사용한다.

6. 드라이
우선 머리 전체에 헤어 로션을 발라 뜨거운 드라이어 바람으로부터 모발을 보호한다. 드라이를 할 때는 모발에서 10cm 이상 떨어져 사용하고 한 곳에 오래 대고 있지 않도록 한다. 마르기 힘든 머리 뿌리부터 건조시킨다.

*** 푸석푸석한 머리의 경우 손질법 ***

머리가 젖어 있을 때는 모발이 약한 상태이므로 브러싱을 하기 전에 머리에 헤어 로션이나 크림을 바르고 완전히 말린 다음 브러싱하도록 한다.
이마부터 시작해서 머리 뿌리부터 끝까지 한 번에 빗도록 한다. 늘 빗는 방향으로만 하지 말고 골고루 브러싱되도록 방향을 바꿔가면서 한다.

11 November 예산 · 결산

내용·계획	예 산	결 산	비 고
정기수입			
기타수입			
지난달 남은돈			
수입 합계			

	예 산	결 산	비 고
주식비			
부식비			
기호품			
외식비			
의복비			
보건위생비			
주거·공과비			
육아·교육비			
문화·레저비			
교통·통신비			
가족 용돈			
경조비			
저축·보험비			
기타			
특별비			
저축 저축성예금			
저축 요구불예금			
차입금 상환			
지출 합계			

현재 남은 돈		

이달에 해야 할일

1	
2	
3	
4	
5	
6	
7	
8	
9	
10	
11	
12	
13	
14	
15	
16	
17	
18	
19	
20	
21	
22	
23	
24	
25	
26	
27	
28	
29	
30	
31	

November 11

어묵 전골

◀ 재료

종합어묵 200g, 무 150g, 당근 1/3개, 달걀 2개, 은행 4개, 쑥갓 1잎, 꼬지, 멸치, 다시마, 소금, 후추, 와사비, 간장

◀ 만들기

1. 멸치는 찬물에 다시마와 같이 넣고 서서히 끓이다가 다 끓으면 다시마는 건지고 불을 끈 다음 20분 후에 가제로 걸러 국물을 준비한다.
2. 무는 큼직하게 썰어 살짝 삶고 달걀도 반완숙으로 굴려가며 삶은 후 껍질을 벗긴다.
3. 은행은 팬에 식용유를 넣고 중불에서 볶으면서 소금으로 간하여 뜨거울 때 껍질을 벗긴 뒤 꼬치에 꽂는다.
4. 각종 어묵은 꼬치에 보기 좋게 꽂는다.
5. ①의 국물에 간장, 맛술을 넣고 ②의 재료를 넣어 색이 날 때까지 은근히 끓여서 소금, 후추로 간한다.
6. 당근은 꽃 모양으로 만들어 삶아 낸다.
7. 와사비는 찬물에 개어 모양을 만들고 간장을 붓는다.
8. ⑤의 국물에 준비한 재료를 넣어 끓인 후 ⑦의 와사비 간장에 찍어 먹는다.

	1 요일		2 요일		3 요일	
	내 용	금 액	내 용	금 액	내 용	금 액
❶ 고정수입						
❷ 기타수입						
❸ 주식비						
❹ 부식비						
❺ 기타(기호품)						
❻ 외식비						
❼ 식비합계						
❽ 의복비						
❾ 보건위생비						
❿ 주거·공과비						
⑪ 육아·교육비						
⑫ 문화·레저비						
⑬ 교통·통신비						
⑭ 가족용돈						
⑮ 축하·경조비						
⑯ 신용카드						
⑰ 저축·보험비						
⑱ 기타						
⑲ 지출합계						
⑳ 현재남은돈						

오늘의 메모

4 요일		5 요일		6 요일		7 요일		위대하다는 사람도 결국은 비상한 결심을 가진 평범한 사람에 불과하다. - R.H 슐러 -	
내용	금액	내용	금액	내용	금액	내용	금액	주계	누계
①									
②									
③									
④									
⑤									
⑥									
⑦									
⑧									
⑨									
⑩									
⑪									
⑫									
⑬									
⑭									
⑮									
⑯									
⑰									
⑱									
⑲									
⑳									

콩을 삶은 즙은 백약의 독을 푼다고 한다. 신장병을 다스리고 뇨를 이롭게 하여 기를 내린다. 피를 활발하게 하고 약으로 인한 독이 아닌 다른 독도 제거해 주는 작용을 한다.

November 11

북어국

◀ **재료**

통북어 1마리, 두부 100g, 콩나물 100g, 무 5cm 1토막, 붉은고추 ½개, 대파 ⅓뿌리, 다진 마 늘 1큰술, 참기름 1작은술, 소금 약간, 후추 약간

◀ **만들기**

1. 통북어 머리를 떼고 물에 불려 부드러워지면 2쪽으로 포를 뜬 후 뼈를 발라낸 다음 먹기 좋게 토막을 낸다.
2. 두부는 손가락 굵기로 썰고, 콩나물은 꼬리를 잘라 준비한다.
3. 붉은고추, 대파는 너무 작지 않게 어슷썰기 한다.
4. 떼어 둔 북어 머리와 다시마를 넣고 끓여 국물을 만든다.
5. 참기름을 약간 두른 후 포 떠서 잘라 둔 북어를 넣고 볶다가 국물을 붓고 나머지 재료를 넣어 뚜껑을 닫은 뒤 끓인다.

	8 요일		9 요일		10 요일	
	내용	금액	내용	금액	내용	금액
❶ 고정수입						
❷ 기타수입						
❸ 주식비						
❹ 부식비						
❺ 기타(기호품)						
❻ 외식비						
❼ **식비합계**						
❽ 의복비						
❾ 보건위생비						
❿ 주거·공과비						
⓫ 육아·교육비						
⓬ 문화·레저비						
⓭ 교통·통신비						
⓮ 가족용돈						
⓯ 축하·경조비						
⓰ 신용카드						
⓱ 저축·보험비						
⓲ 기타						
⓳ **지출합계**						
⓴ 현재남은돈						

오늘의 메모

11	요일	12	요일	13	요일	14	요일	불가능은 소심한자의 환상이요, 비겁한 자의 도피처이다.	
내 용	금 액	내 용	금 액	내 용	금 액	내 용	금 액	주 계	누 계
①									
②									
③									
④									
⑤									
⑥									
⑦									
⑧									
⑨									
⑩									
⑪									
⑫									
⑬									
⑭									
⑮									
⑯									
⑰									
⑱									
⑲									
⑳									

- 나폴레옹 -

11월은 일기 변동이 심하므로 11월 초순에 난방시설을 점검하고 연료를 확보, 따뜻한 겨울을 준비하도록 한다.

November 11

송이전골

◀ 재료

송이버섯 200g, 쇠고기 200g, 양파 1개, 미나리 30g, 대파 1뿌리, 배추 3잎, 당근 50g, 소금·후추·참기름

◀ 만들기

1. 송이는 깨끗이 손질하여 겉껍질을 벗기고 송이 모양대로 납작하게 썰어 놓는다.
2. 송이에 소금, 참기름을 넣고 무쳐 놓는다.
3. 쇠고기는 얇게 썰어 다진 마늘, 파, 간장, 설탕, 후추, 깨소금, 참기름을 넣어 양념해 놓는다.
4. 양파는 굵직하게 썰고, 미나리, 당근, 대파는 5cm 길이로 썰어 놓는다.
5. 배추도 5cm 길이로 토막 내어 굵게 채 썰어 놓는다.
6. 전골냄비에 참기름을 넣고 쇠고기를 넣어 볶다가 육수나 물을 붓고 한소끔 끓인다.
7. 충분히 끓었으면 간장, 소금을 넣어 간을 맞추고 송이, 양파, 배추, 당근을 넣고 한소끔 끓인 후 대파, 미나리를 넣어 다시 끓이면서 간을 맞추고 후추를 넣는다.

	15 요일		16 요일		17 요일	
	내 용	금 액	내 용	금 액	내 용	금 액
❶ 고정수입						
❷ 기타수입						
❸ 주식비						
❹ 부식비						
❺ 기타(기호품)						
❻ 외식비						
❼ 식비합계						
❽ 의복비						
❾ 보건위생비						
❿ 주거·공과비						
⓫ 육아·교육비						
⓬ 문화·레저비						
⓭ 교통·통신비						
⓮ 가족용돈						
⓯ 축하·경조비						
⓰ 신용카드						
⓱ 저축·보험비						
⓲ 기타						
⓳ 지출합계						
⓴ 현재남은돈						

오늘의 메모

18	요일	19	요일	20	요일	21	요일	주계	누계
내용	금액	내용	금액	내용	금액	내용	금액		

> 일이 즐거우면 인생은 낙원
> 이고, 일이 의무이면 인생은
> 지옥이다.
> – 고리끼 –

관엽식물과 추위에 약한 화분은 서리가 내리기 전 실내로 옮기고, 정원에는 짚이나 새끼줄로 허리를 묶어 한파와 해충을 방지한다.

November 11

북어탕

◀ 재료

북어 1마리, 두부 ½모, 달걀 1개, 대파 1뿌리, 마늘 2쪽, 참기름 1TS, 후추, 소금

◀ 만들기

1. 북어는 머리를 떼고 물에 불려 부드러워지면 방망이로 자근자근 두드려 포를 떠서 뼈를 발라낸 후 먹기 좋게 썰어 놓는다.
2. 북어 머리는 깨끗이 씻어 물을 붓고 푹 끓여서 북어 육수를 만들어 맑게 걸러 놓는다.
3. 대파는 어슷하게 썰어 놓고, 두부는 먹기 좋은 크기로 썰고, 마늘은 다져 놓는다.
4. 냄비에 참기름을 두르고 마늘을 볶다가 ①의 북어를 넣어 다시 볶은 후 ②의 육수를 부어 끓여 낸다.
5. 한소끔 끓으면 두부·대파를 넣어 소금으로 간을 하고 후추로 양념한 다음 달걀을 풀어 준다.

* 붉은 고추를 어슷하게 썰어 4의 재료를 볶을 때 같이 넣고 볶아 끓이게 되면 더욱 칼칼하면서 시원한 맛을 준다.

	22 요일		23 요일		24 요일	
	내용	금액	내용	금액	내용	금액
① 고정수입						
② 기타수입						
③ 주식비						
④ 부식비						
⑤ 기타(기호품)						
⑥ 외식비						
⑦ **식비합계**						
⑧ 의복비						
⑨ 보건위생비						
⑩ 주거·공과비						
⑪ 육아·교육비						
⑫ 문화·레저비						
⑬ 교통·통신비						
⑭ 가족용돈						
⑮ 축하·경조비						
⑯ 신용카드						
⑰ 저축·보험비						
⑱ 기타						
⑲ 지출합계						
⑳ 현재남은돈						

오늘의 메모

25 요일		26 요일		27 요일		28 요일		당신의 적에게늘 화해의 문을 열어 놓아라. - 그라시앙 -	
내 용	금 액	내 용	금 액	내 용	금 액	내 용	금 액	주 계	누 계
①									
②									
③									
④									
⑤									
⑥									
⑦									
⑧									
⑨									
⑩									
⑪									
⑫									
⑬									
⑭									
⑮									
⑯									
⑰									
⑱									
⑲									
⑳									

겨울철엔 물일을 할 때엔 반드시 면장갑을 낀 후 고무장갑을 착용하고 끝난 후엔 깨끗이 손을 씻고 로션크림을 발라 준다. 귤 껍질을 띄워두었다가 우려낸 물로 손을 닦으면 훨씬 부드러워진다.

November 11

29 요일 / 30 요일

> 일이 즐거우면 인생은 낙원이고, 일이 의무이면 인생은 지옥이다.
> - 고리끼 -

알탕

◀ 재료

생선알 600g, 고니 600g, 모시조개 200g, 다시마(10cm) 1토막, 무 100g, 콩나물 100g, 미나리 30g, 대파 1/2 뿌리, 무즙 2큰술, 양파즙 2큰술, 고춧가루 2큰술, 갖은 양념

◀ 만들기

1. 재료 손질하기

   모시조개는 소금물에 하룻밤 담가 해감을 제거한 후 잘 씻어 건진다. 생선알과 고니는 깨끗이 씻는다. 무는 납작하게 썰고, 콩나물은 머리와 꼬리를 손질한다. 미나리는 다듬어 썰고, 대파는 어슷썬다.

2. 국물내기

   냄비에 모시조개와 다시마를 끓여 조개는 건져내고 국물은 맑게 걸러 놓는다.

3. 양념장 만들기

   국물(3컵)에 무즙, 양파즙, 고춧가루, 다진 마늘, 생강, 국간장, 조미술을 넣어 양념장을 만든다.

4. 끓이기

   냄비에 준비한 재료와 조개를 넣고 양념장을 넣은 다음 국물을 붓고 끓이다가 소금과 후추로 간한다.

	29 요일		30 요일			
	내 용	금 액	내 용	금 액	금 액	내 용
❶ 고정수입						
❷ 기타수입						
❸ 주식비						
❹ 부식비						
❺ 기타(기호품)						
❻ 외식비						
❼ 식비합계						
❽ 의복비						
❾ 보건위생비						
❿ 주거·공과비						
⓫ 육아·교육비						
⓬ 문화·레저비						
⓭ 교통·통신비						
⓮ 가족용돈						
⓯ 축하·경조비						
⓰ 신용카드						
⓱ 저축·보험비						
⓲ 기타						
⓳ 지출합계						
⓴ 현재남은돈						

오늘의 메모

겨울철엔 물일을 할 때엔 반드시 면장갑을 낀 후 고무장갑을 착용하고 끝난 후엔 깨끗이 손을 씻고 로션크림을 발라 준다.
귤 껍질을 띄워두었다가 우려낸 물로 손을 닦으면 훨씬 부드러워진다.

12 예산 · 결산
December

내용 · 계획	예 산	결 산	비 고
정기수입			
기타수입			
지난달 남은돈			
수입 합계			

	예 산	결 산	비 고
주식비			
부식비			
기호품			
외식비			
의복비			
보건위생비			
주거 · 공과비			
육아 · 교육비			
문화 · 레저비			
교통 · 통신비			
가족 용돈			
경조비			
저축 · 보험비			
기타			
특별비			
저축 저축성예금			
요구불예금			
차입금 상환			
지출 합계			

현재 남은 돈	

이달에 해야 할일

1.
2.
3.
4.
5.
6.
7.
8.
9.
10.
11.
12.
13.
14.
15.
16.
17.
18.
19.
20.
21.
22.
23.
24.
25.
26.
27.
28.
29.
30.
31.

December 12

빈대떡

◀ 재료

녹두 1컵, 찹쌀가루 3큰술, 간 돼지고기 100g, 김치 80g, 도라지 50g, 숙주 100g, 풋고추 2개, 홍고추 2개, 다진 파 1큰술, 다진 마늘 1큰술, 소금, 후추, 깨소금, 참기름, 초간장

◀ 만들기

1. 녹두는 물에 담가 불렸다가 거피하여 믹서에 물을 약간 넣고 갈아 놓는다.
2. 고기는 갈아져 있는 것을 준비하고, 김치는 물기를 짠 후 잘게 썬다. 도라지, 숙주는 삶아 물기를 짜고 잘게 썬다.
3. 준비한 고기, 김치, 도라지, 숙주를 잘 섞고 다진 파, 마늘, 소금, 후추, 깨소금, 참기름으로 양념한다.
4. 녹두에 ③의 재료를 넣고 찹쌀가루를 넣어 걸쭉하게 섞는다.
5. 팬에 기름을 넉넉하게 두르고 ④의 재료를 떠 넣은 다음 동글납작하게 모양을 다듬고 송송 썬 풋고추, 홍고추를 살짝 얹어서 앞뒤로 노릇노릇하게 지진다. 초간장을 곁들여 낸다.

	1 요일		2 요일		3 요일	
	내용	금액	내용	금액	내용	금액
① 고정수입						
② 기타수입						
③ 주식비						
④ 부식비						
⑤ 기타(기호품)						
⑥ 외식비						
⑦ 식비합계						
⑧ 의복비						
⑨ 보건위생비						
⑩ 주거·공과비						
⑪ 육아·교육비						
⑫ 문화·레저비						
⑬ 교통·통신비						
⑭ 가족용돈						
⑮ 축하·경조비						
⑯ 신용카드						
⑰ 저축·보험비						
⑱ 기타						
⑲ 지출합계						
⑳ 현재남은돈						

오늘의 메모

4	요일	5	요일	6	요일	7	요일	사랑은 서로를 마주 보는 것이 아니라 함께 같은 방향을 보는 것이다.	
								- 생텍쥐페리 -	
내 용	금 액	내 용	금 액	내 용	금 액	내 용	금 액	주 계	누 계
①									
②									
③									
④									
⑤									
⑥									
⑦									
⑧									
⑨									
⑩									
⑪									
⑫									
⑬									
⑭									
⑮									
⑯									
⑰									
⑱									
⑲									
⑳									

정제는 씹어서 먹으면 안 된다. 씹어 먹으면 쌓여 있는 약제가 노출되어 먹기 어렵게 될 뿐 아니라 위 속에서 용해되는 시간이 변하여 효과가 줄어드는 정제도 있기 때문이다.

December 12

양파전

◀ 재료
양파 3개, 다진 쇠고기 30g, 두부 30g, 밀가루 3큰술, 달걀 1개, 다진 파 1큰술, 다진 마늘 1작은술, 소금 약간, 후추 약간, 깨소금 약간, 참기름 약간

◀ 만들기
1. 양파는 작은 것으로 준비하여 5mm 정도 두께로 썰어 속을 빼낸다.
2. 두부는 가제에 싸서 물기를 꼭 짠 후 다진 쇠고기를 섞어 다진 파, 마늘, 소금, 후추, 깨소금, 참기름을 넣어 양념한다.
3. ①의 양파 안쪽에 밀가루를 묻히고 ②의 속을 넣은 다음 밀가루와 달걀물을 씌운다.
4. 팬에 식용유를 두르고 불을 은근히 하여 ③의 양파를 노릇노릇하게 지진다.
5. 간장에 식초를 넣어 초간장을 만들어 양파전에 곁들여 낸다.

* 양파 속을 빼낸 안쪽에 밀가루를 묻힌 다음 속을 넣는다. 밀가루를 묻혀야 지질 때 속이 빠지지 않는다.
* 속을 채운 양파에 밀가루와 달걀물을 묻히고 은근한 불에서 속까지 잘 익도록 지진다.

	8 요일		9 요일		10 요일	
	내 용	금 액	내 용	금 액	내 용	금 액
① 고정수입						
② 기타수입						
③ 주식비						
④ 부식비						
⑤ 기타(기호품)						
⑥ 외식비						
❼ **식비합계**						
⑧ 의복비						
⑨ 보건위생비						
⑩ 주거·공과비						
⑪ 육아·교육비						
⑫ 문화·레저비						
⑬ 교통·통신비						
⑭ 가족용돈						
⑮ 축하·경조비						
⑯ 신용카드						
⑰ 저축·보험비						
⑱ 기타						
⑲ **지출합계**						
⑳ 현재남은돈						

오늘의 메모

11 요일		12 요일		13 요일		14 요일		진정한 여행은 새로운 풍경을 보는 것이 아니라, 새로운 시야를 갖는 것이다. — M.프루스트 —	
내 용	금 액	내 용	금 액	내 용	금 액	내 용	금 액	주 계	누 계
①									
②									
③									
④									
⑤									
⑥									
⑦									
⑧									
⑨									
⑩									
⑪									
⑫									
⑬									
⑭									
⑮									
⑯									
⑰									
⑱									
⑲									
⑳									

오너 드라이버들은 스노우 타이어, 부동액 점검 등 겨울철 안전운전을 위한 준비를 철저히 해야 한다.

December 12

깐풍새우

◀ 재료
새우 12마리, 녹말가루 1/2컵, 달걀 1개, 소금, 후추, 식용유, 양파 1/4개, 마늘 2쪽, 홍고추 1개, 풋고추 1개, 대파 1/2뿌리, 생강 1쪽

◀ 만들기
1. 새우의 머리를 떼고 등쪽으로 내장을 뺀 다음 꼬리 1마디만 남기고 껍질을 벗긴다.
2. 풋고추, 홍고추는 길이로 이등분해 씨를 털어 내고 3mm 정도 입자로 썬다.
3. 양파, 마늘, 생강, 대파도 3mm정도로 썬다.
4. 녹말 가루에 달걀을 풀어 튀김 반죽을 만든다.
5. ①의 새우를 ④의 튀김 반죽에 버무려 기름에 넣고 살짝 튀겨 낸 다음 잠시 후 다시 한번 튀긴다.
6. 오목한 그릇에 간장, 설탕, 식초, 육수를 넣고 골고루 섞어 간장 소스를 만들어 둔다.
7. 팬에 기름을 두르고 뜨거워지면 ②, ③의 재료를 넣고 볶다가 ⑥의 간장 소스를 넣고 잠시 끓인 후 소금, 후추로 간을 한다.
8. 둥근 접시에 ⑤의 튀긴 새우를 보기 좋게 돌려 담은 후 ⑦의 소스를 끼얹고 가운데에도 소스를 담아 낸다.

	15 요일		16 요일		17 요일	
	내 용	금 액	내 용	금 액	내 용	금 액
❶ 고정수입						
❷ 기타수입						
❸ 주식비						
❹ 부식비						
❺ 기타(기호품)						
❻ 외식비						
❼ 식비합계						
❽ 의복비						
❾ 보건위생비						
❿ 주거·공과비						
⑪ 육아·교육비						
⑫ 문화·레저비						
⑬ 교통·통신비						
⑭ 가족용돈						
⑮ 축하·경조비						
⑯ 신용카드						
⑰ 저축·보험비						
⑱ 기타						
⑲ 지출합계						
⑳ 현재남은돈						

오늘의 메모

18	요일	19	요일	20	요일	21	요일	인생은 하나의 실험이다. 실험이 많아질수록 당신은 더 좋은 사람이 된다. - 에머슨 -	
내 용	금 액	내 용	금 액	내 용	금 액	내 용	금 액	주 계	누 계
①									
②									
③									
④									
⑤									
⑥									
⑦									
⑧									
⑨									
⑩									
⑪									
⑫									
⑬									
⑭									
⑮									
⑯									
⑰									
⑱									
⑲									
⑳									

고사리를 오래 먹으면 눈이 침침해지는 약점이 있으므로 많이 먹는 것은 좋지 못하다. 그러나 고사리의 성분 중에는 석회질이 많아서 치아나 뼈가 튼튼해진다.

December 12

해물산적

◀ 재료

중하 4마리, 전복 2개(大), 갑오징어 ½마리, 브로코리 4줄기(小), 홍피망 ½개 청주, 소금, 생강즙, 참기름, 식용유

◀ 만들기

1. 중하는 머리를 떼고 껍질을 벗겨서 살짝 씻는다.
2. 양파, 당근, 샐러리를 썰어넣고 소금, 설탕, 청주를 조금씩 넣어 끓인 물에 새우를 익혀 건진다.
3. 전복은 끓는 물에 껍질째 살짝 데쳐서 살을 떼어낸 후 내장을 제거하고 큰것은 2등분한다.
5. 갑오징어는 껍질쪽에 칼집을 어슷하게 넣어 살짝 데친 후 1cm 넓이 정도로 썬다.
6. 브로코리는 끓는 물에 소금을 넣고 데쳐서 찬물에 헹궈 물기를 뺀다.
7. 홍피망은 가늘게 썬다.
8. 꼬치에 준비한 새우, 브로코리, 갑오징어, 홍피망, 전복을 순서대로 꽂은 후 소금, 생강즙, 참기름의 양념에 잠시 재운다.
9. 후라이팬에 기름을 넣고 뜨겁게 한 후 ⑧의 꼬치를 넣어 앞뒤로 살짝살짝 지져내어 접시에 보기 좋게 담아낸다.

	22 요일		23 요일		24 요일	
	내 용	금 액	내 용	금 액	내 용	금 액
❶ 고정수입						
❷ 기타수입						
❸ 주식비						
❹ 부식비						
❺ 기타(기호품)						
❻ 외식비						
❼ **식비합계**						
❽ 의복비						
❾ 보건위생비						
❿ 주거·공과비						
⓫ 육아·교육비						
⓬ 문화·레저비						
⓭ 교통·통신비						
⓮ 가족용돈						
⓯ 축하·경조비						
⓰ 신용카드						
⓱ 저축·보험비						
⓲ 기타						
⓳ 지출합계						
⓴ 현재남은돈						

오늘의 메모

	25 요일		26 요일		27 요일		28 요일		주 계	누 계
	내 용	금 액	내 용	금 액	내 용	금 액	내 용	금 액		
①										
②										
③										
④										
⑤										
⑥										
⑦										
⑧										
⑨										
⑩										
⑪										
⑫										
⑬										
⑭										
⑮										
⑯										
⑰										
⑱										
⑲										
⑳										

문제를 바르게 파악하면
절반은 해결한 것이나 마찬
가지이다.
- 케터링 -

미나리는 식욕을 돋구어 주고 대장과 소장의 활동을 좋게 하여 변비를 없애는 데 효험이 있는 좋은 채소다.

December 12

소시지야채볶음

◀ 재료

프랑크소시지 4개, 양송이버섯 5송이, 피망 1/2개, 홍피망 1/4개, 양파 1/4개, 마늘 3쪽, 토마토케첩 1/3컵, 설탕 1작은술, 우스타소스 (또는 굴소스) 1작은술, 소금, 후추, 식용유, 파슬리가루

◀ 만들기

1. 프랑크 소시지는 어슷하게 썰고 마늘은 저며썬다.
2. 양송이는 납작하게 썰고 양파, 피망, 홍피망도 같은 크기로 썬다.
3. 팬에 기름을 넣고 저민 마늘을 넣어 볶은 후 소시지와 야채를 넣어 볶은 다음 토마토케첩, 우스타소스나 굴소스, 설탕을 넣어 볶으면서 소금, 후추로 간을 맞춘다.
4. 접시에 소세지야채볶음을 담고 파슬리가루를 뿌린다.

	29 요일		30 요일		31 요일	
	내 용	금 액	내 용	금 액	내 용	금 액
❶ 고정수입						
❷ 기타수입						
❸ 주식비						
❹ 부식비						
❺ 기타(기호품)						
❻ 외식비						
❼ **식비합계**						
❽ 의복비						
❾ 보건위생비						
❿ 주거·공과비						
⓫ 육아·교육비						
⓬ 문화·레저비						
⓭ 교통·통신비						
⓮ 가족용돈						
⓯ 축하·경조비						
⓰ 신용카드						
⓱ 저축·보험비						
⓲ 기타						
⓳ 지출합계						
⓴ 현재남은돈						

오늘의 메모

가장 적은 값으로 가장 큰 만족을 얻는 것이 경제 관념의 기초가 된다.
- 아담·스미스 -

주계	누계
①	
②	
③	
④	
⑤	
⑥	
❼	
⑧	
⑨	
⑩	
⑪	
⑫	
⑬	
⑭	
⑮	
⑯	
⑰	
⑱	
⑲	
⑳	

표고는 그 특유한 향기가 생명이다. 말린 버섯은 물기에 담그면 향기가 되살아난다. 마른 표고는 물에 한참 담가 두었다가 사용하여야만 충분히 제맛을 내고 향기가 나는 버섯 요리가 될 수 있다.

행복한 이야기 Memo

건강과 미용

○ 눅눅해진 김 참기름 바르고 소금 뿌린후 약하게 구워야
김은 습기를 잘타는 결점이 있다. 김이 눅눅해지면 향기도 없어지고 제맛을 잃게 된다. 또 검은 빛이 나던 김도 붉은 빛을 띠게 된다. 이렇게 습기를 머금은 김을 구울 때 한쪽면에 참기름을 살짝 바르고 소금을 뿌린 다음 중간불에서 구우면 제맛을 찾는다.

○ 소, 돼지고기 생강즙 묻히면 냄새 줄어들고 부드러워져
쇠고기나 돼지고기를 부드럽게 만드는 데는 생강이 최고 생강에는 단백질 분해 성분이 포함되어 있기 때문이다. 정육점에서 사온 고기에 생강즙을 묻혀두면 생강의 독특한 향이 고기의 나쁜 냄새를 제거함과 동시에 육질도 부드럽게 된다.

○ 닭고기, 생선 술 뿌리면 냄새 사라져
닭고기 특유의 냄새를 없애는 데는 술이 최고다. 닭고기를 그릇에 담아 술을 뿌린 다음 15분 정도 둔다. 그래도 냄새가 가시지 않을 때는 술에 무즙을 섞어서 뿌리면 된다. 생선비린내도 마찬가지, 술을 뿌리면 알콜이 날아갈 때 비린내도 함께 날아가기 때문이다.

○ 시금치 데칠 때 설탕 넣으면 풋내 사라져
시금치를 데쳤는데 풋내가 난다. 이는 시금치 속의 수산성분 때문이다. 시금치를 데칠 때는 더운물 다섯컵에 한 숟갈 정도의 비율로 설탕을 넣고 데친다. 그러면 설탕이 수산을 중화시켜 풋내를 없애준다.

○ 가스레인지 삼발이, 버너는 세제를 푼 물로 삶는다.
음식물이 넘쳐 타거나 눌어 붙기 쉬운 삼발이와 버너는 요리를 마치는 즉시 세제로 닦아주도록 한다. 그렇게 해서도 때가 없어지지 않는다면 큰 냄비나 양동이에 물을 가득 채우고 10여 분 동안 삶는다. 그런 다음 수세미를 문지르면 깨끗해진다.
버너 부분은 칫솔을 사용해 닦아주면서 막힌 구멍을 뚫어 준다. 이때 주의할 것은 수세미에 의해 용기에 흠이 나지 않도록 하는 일이다.

○ 은제품 깨끗하게 하려면
우유에 1시간 정도 담갔다가 꺼내 마른 헝겊으로 닦으면 색깔도 유지되고 깨끗해진다.

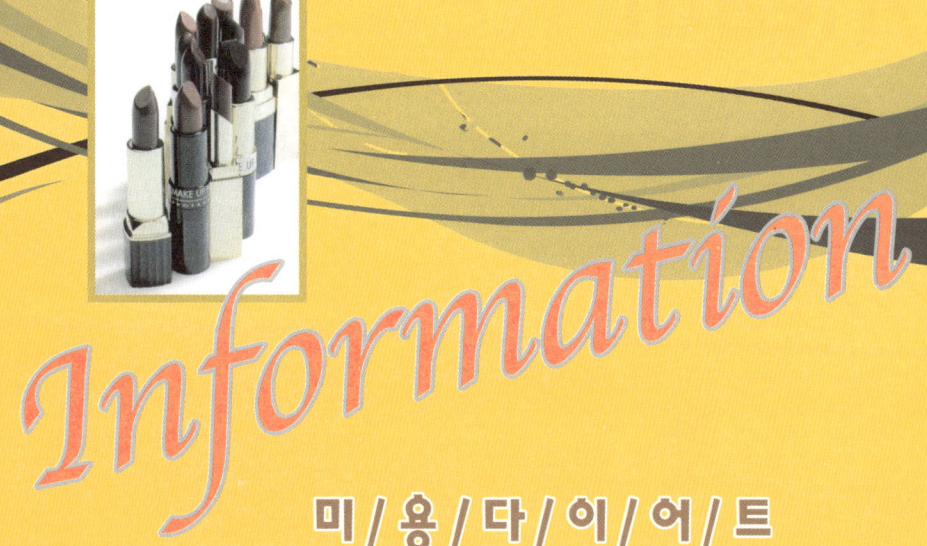

Information

미/용/다/이/어/트

- 건강 뉴스

- 미시패션 뉴스

- 다이어트 뉴스

- 뷰티 뉴스

Heath News

관절염, 류머티즘, 휴식이 능사 아니다.

관절염에는 적당한 운동과 충분한 영양섭취가 필요하다.

관절이 부어오르고, 관절부위에 열이 나며, 다리가 아파서 오랫동안 걷기가 힘들어 진다.

잠을 자고 일어나면 근육이 뻣뻣한 경

직감을 보이는데 1시간 이상이나 경직감이 지속된다. 초기일 경우 활동을 할수록 통증이 나아지고 아침에 심한 편이다. 류머티스 관절염은 과로, 영양부족, 세균감염, 외상 등이 그 원인으로 꼽히고 있다. 관절염이 생기면 보통 운동을 삼가고 집안에서 쉬어야 하는 것으로 알고 있는 사람들이 많다.

하지만 관절이 붓고 열이 나며 피로감이 나타날 때를 제외하고는 평소 정기적인 운동을 통해 관절의 경화를 막아야 치료에 도움이 된다.

류머티스 관절염은 치료하기가 매우 힘들긴 하지만 식생활습관의 개선으로 극복될 수도 있다.

관절염으로인한 여러 영양소의 흡수장애와 만성적인 고통, 행동의 불편 때문에

영양적으로 불균형을 초래하기가 쉽다. 따라서 양질의 단백질, 무기질, 비타민 등을 골고루 섭취하는 식생활 습관을 갖도록 해야 한다.

편한 구두가 건강에도 좋다

어떤 구두가 좋은가 하는 것은 구두를 신는 목적에 따라 달라지지만 적어도 바닥이 얇거나 굽이 딱딱한 구두는 지면에서의 충격이 그대로 발에 전달되므로 피하는 것이 좋다. 외관상으로는 꼼꼼하게 잘 만들어 졌는가를 체크해 봐야 한다. 박음질이나 굽이 비뚤어져 있지 않은지 꼼꼼하게 살펴보도록 한다.

여성용 구두의 체크방법은 우선 발끝과 엄지발가락 사이에 구두와 약간의 사이가 있어야 한다. 다음으로 구두폭이 중요하다. 구두가 발에 너무 꽉 맞으면 구두 가죽이 밖으로 밀려 발에 압박을 주게 된다.

구두는 발을 잘 감싸서 받쳐주고 있다는 느낌이 드는 편안한 신발이 가장 바람직한 상태이다. 발은 건강의 척도이기도 하다. 편안한 구두를 신어 건강한 생활을 해나가자.

주부습진은 고무장갑 외에 면장갑을 껴야 한다.

주부습진의 원인은 주부들이 집안 일을 하면서 직접 손으로 만지고 취급하는 자극성 물질들 때문이다. 여러가지 세탁제, 취사용구, 고무장갑, 고추, 파, 마늘 등이 그런것. 그런데 주부는 이러한 물질들을 하루도 만지지 않을 수 없으므로 일단 주부습진에 걸리면 오랫동안 치료해야 하고 치료 후에도 자칫 하면 재발하기 쉽다.

주부습진을 예방하려면 손을 씻을 때 미지근한 물에 씻고 무자극성인 비누를 사용해야 한다.

깨끗이 씻은 후에 부드러운 수건으로 물기를 완전히 없애고 약을 바른다.

물일을 할 때도 반드시 고무장갑을 끼고 이대도 속에 면장갑을 끼는데, 30분마다 새 것으로 갈아야 한다. 날씨가 추울 때는 반드시 보온용 장갑을 낀다.

이러한 주의사항은 주부습진이 완전히 치료된 후에도 4~5개월간 지켜야 한다. 눈으로 봐서는 다 나은 것 같아도 피부가 완전히 저항력을 가지려면 그만한 시간이 필요하기 때문이다.

비만증은 허리통을 가져온다

어떤 일에 열중하면서 오랜 시간 나쁜 자세로 있게 되면, 근육이나 인대는 균형을 잡기 위해 계속 긴장 상태에 있어야 하므로 피로가 쌓이게 되고 심하면 일부에 손상을 입어 허리에 통증이 생긴다.

자세의 변화는 주로 배와 등의 근육에 의해 이루어진다. 근육이 약해져 배가 나오게 되면 이에 따라 허리 부분의 등뼈는 앞으로 굽어지고, 균형을 잡기 위해 가슴의 등뼈는 반대로 굽어져 심한 만곡이 생기게 된다. 배와 허리 근육을 많이 움직여 아랫배가 나오는 일이 없도록 하며 특히 과식으로 비만증에 걸리지 않도록 한다. 부엌에서 일을 하는 주부들의 경우 일하는 작업대의 높이가 자기의 키에 맞는가를 확인해서 너무 높거나 낮으면 자신의 키에 맞도록 고친다.

미시패션 뉴스 | MIS Pension News

날씬해 보이는 옷 색깔 선택법
우아하고 세련된 여자로 변해보자

날씬해 보이는 옷 색깔 선택법

같은 옷을 입어도 유난히 날씬해 보이는 사람이 있고, 같은 키에도 커보이는 사람이 있는가 하면 작아보이는 사람이 있다.

기본적으로 선택하는 옷 색깔이 사람을 날씬하게도, 뚱뚱하게도 만든다. 윗옷이나 아래옷의 배색의 대비가 강하면 보는 사람의 눈이 착각을 일으켜 굵기에 대한 관심이 약해진다. 어느 쪽이든 뚜렷한 빛깔로 정한다.

또 힙이 크거나 넓적다리가 뚱뚱해서 고민인 사람은 바지나 스커트의 빛깔을 진한 색으로 골라서 긴장된 느낌을 준다.

우선 시각적으로 크기가 커버되어 날씬해 보인다. 또 이와는 반대로 같은 계통의 색채로 통일해도 날씬해 보인다. 이때에 스타킹과 구두를 같은 계통의 색으로 하면 다리가 길어 보인다.

얼굴이 작아보이면 체형이 한층 날씬하게 느껴진다. 목이 열린 블라우스나 가디건으로 V네크를 만들어 스카프를 두르면 한층 날씬해보이고, 어깨에 패드를 넣어 넓은 어깨처럼 보이게 하고 밑은 몸에 붙는 바지를 입으면 역삼각형으로 날씬해 보인다.

이때에는 같은 계통의 색갈로 선택한다. 대개 서로의 스트라이프가 몸을 날씬해 보이게 하는데, 이 경우에 긴 블라우스를 입으면 한층 날씬해 보인다.

단색이 우아하고 날씬해 보인다.

계절에 따라 단색이나 프린트를 선택하게 되지만, 대체로 단색이 우아하고 키가 크고 날씬해 보인다는 점을 기억해둔다. 프린트는 아무래도 키가 작고 뚱뚱해 보이는 경향이 있다. 단색 중에서 검정은 이미지를 뚜렷하게 나타내지만 흔히 어두운 색으로 알고 있다. 차분하면서도 여성다운 검정은 옷감의 종류가 고급일 때 더욱 돋보인다. 코트나 재킷, 팬츠 등을 검정으로 선택하면 좋다.

프린트는 3~4색 정도가 무난하고, 물방울무늬는 대체로 무난하다. 크기는 체격에 따라 고르게 되는데 키가 작은 여성은 크기가 너무 크지 않은 프린트를 고른다. 프린트의 원피스를 고를 때는 블에이저와의 조화를 생각하고, 외출할 때 벨트는 무지로 맨다.

물방울무늬는 여름에 시원해보이는데, 흰 바탕에 파란 물방울 무늬스커트와 같은 배색의 스카프를 마련해 보면 좋다. 여기에 파란 블레이저와 스커트의 바탕색이 흰색 블라우스를 입으면 세련되어 보인다.

어떤 무늬의 옷을 입든 악세서리를 할 때는 무늬가 가장 많이 차지하는 색이나 바탕색을 고르면 우아해 보인다.

핸드백을 우아하게 드는 법

멋쟁이라고 여겨져서 한 번쯤 뒤를 돌아보게 만드는 여성이 있다. 이때는 걸음걸이라든가 몸짓, 핸드백을 드는 법 등 눈에 보이지 않는 요소가 한층 돋보이는 경우가 많다.

직장여성들은 물론 주부들도 외출 할 때는 핸드백을 든다. 구입할 때 신경쓰는 것에 비해서 막상 들고 다닐 때 우아하게 핸드백을 들고 다니는지 생각해보자.

버스나 전철을 탔을 때는 백을 무릎 위에 세우고 앉기보다는 백 밑바닥을 앞으로 해서 눕히고 손을 자연스럽게 위에 포갠다. 남의 집을 방문했을 때는 자신이 앉은 소파나 방석 옆에 놓아두어 손쉽게 집어들 수 있게 한다.

직장여성 가운데에는 쇼핑백이라고 불리는 종이가방을 들고 다니는 여성들이 많은데, 멋쟁이라면 쇼핑백을 따라들고 다니기보다는 조금 큰 핸드백을 마련해 소지품을 잘 정리하는 습관을 갖도록 하자. 갈아입을 옷이라든가 도시락, 우산 또는 읽을 책이나 악세서리 등은 핸드백에 넣는 습관을 들여야 종이가방을 들고 다니지 않게 된다. 책이나 서류를 많이, 그리고 자주 들고 다녀야 한다면 서류가방을 따로 마련해서 들고 다니는 것이 좋다.

다이어트 뉴스

살을 빼려거든 이런 음식을 먹어라

■ 현미와 통밀가루 음식을 가까이 한다.

현미는 '눈'과 '배유'로 이루어져 있다. 쌀알의 거의 대부분을 차지하고 있는 배유에는 탄수화물이 들어 있고, 탄수화물이 몸 속에서 힘과 열을 내는데 필요한 비타민 B1을 비롯한 각종 비타민과 무기질 쌀눈에 집중적으로 들어 있다. 마찬가지로 밀을 껍질째 가루로 만드는 통밀가루 역시 빛깔이 거무스름하고 촉감이 껄끄러우며 맛도 약간 씁쓸하기 때문에 꺼려하는 사람이 많지만 영양이 매우 풍부하다. 특히 아름다운 몸매를 가꾸고 싶다면 주저하지 말고 통밀가루 빵이나 국수를 가까이 하자.

흰쌀, 흰밀가루 대신 정제하지 않은 현미나 통밀가루로 밥, 국수, 빵을 만들어 주식에 변화를 주어보는 것도 좋을 것이다.

■ 볶음요리는 되도록 팬을 달군 후 물로 조리한다.

볶음요리의 경우 적은 양의 기름으로 잘 볶으려면 충분히 달구어진 팬을 사용하는 것이 요령이다. 또 잘 익지 않는 재료는 잘게 썰고 딱딱한 재료는 미리 살짝 삶아 설익힌 다음에 볶으면 재빨리 맛있게 볶을 수 있다.

기름 대신 물을 이용하면 식품 자체의 담백한 맛을 살릴 수 있어 효과적이다. 우리 몸에 꼭 필요한 지방은 여러가지 식품을 통해 자연스럽게 충분히 공급되기 때문에 별도의 기름을 쓰지 않아도 된다.

물로 볶을 때는 팬을 뜨겁게 달군 후 물을 2큰술 정도 두르고 센불에서 살짝 볶는다. 물을 넣었을 때 방울져 또르르구를 때가 팬이 알맞게 달궈진 상태이다. 부침, 지짐 등 반드시 뜨겁게 달군 후 식물성 기름을 묻힌 기름종류로 닦아 내듯 문질러 살짝 기름을 묻히면 적은 양으로도 조리가 가능하다.

■ 살코기나 흰살생선을 먹는다.

확실히 다이어트란 어느 한쪽에 치우치지 않고 고르게 먹는 식사가 포인트인데 칼로리가 낮으면서 고단백 식품인 동물성 식품을 선택하는 것이 살이 찐 사람들에게 특히 좋다. 쌀과 같은 곡식류에도 단백질은 들어 있지만 탄수화물의 함량이 더 많기 때문에, 필요한 단백질을 곡류로 먹게 되면 칼로리만 높이게 될 뿐 아니라 단백질의 질도 그리 좋은 편이 아니다. 따라서 양질의 단백질로 지방이 적은 동물성 식품을 선택하는 것이 바람직하다. 껍질을 벗겨낸 닭고기의 흰살 부분은 돼지고기나 쇠고기보다 칼로리가 낮기 때문에 좋으며, 돼지고기나 쇠고기를 조리할 때 기름기는 떼어버리고 살코기만을 먹는다.

또 조기, 대구, 가자미 등의 흰살 생선을 택한다. 이외에 조개, 콩류, 치즈, 두부, 우유, 달걀 등도 모두 고단백 식품이다. 달걀은 하루에 1개 정도가 적당하다.

■ 근육을 만든다.

지방을 줄이면 여성다운 몸매가 남자근육처럼 변하는 게 아닌가 우려하는 사람들도 있다. 그러나 여성의 근육은 보디빌더와 같이 되지는 않는다. 여성들이 근육을 만든다는 것은 '몸을 단단하게 조여 준다'는 뜻이다.

힙의 체지방을 태워 없애고 근육을 붙여주면 엉덩이가 올라붙어 각선미가 살아난다. 허벅지가 굵어 고민하는 사람들은 허리와 발목에 이르는 근육을 단련시켜 날씬한 몸매로 보이게 할 수 있다.

체중만 줄였다고 마음을 놓아서는 안된다. 근육을 붙이지 않으면 체지방이 차지하고 있던 자리의 탄력이 없어져 피부가 쭈글쭈글해지기 때문이다. 따라서 식사조절과 함께 운동이 필요하다.

■ 다이어트 중 청량음료와 커피는 마시지 않는다.

청량음료는 보통 과일이나 식물성의 합성물질 추출물로 만든 것으로 대부분 설탕이 많이 들어 있다. 따라서 콜라, 사이다 등 청량음료는 다이어트 중에는 절대로 마시지 않는 것이 바람직하다. 쥬스를 마시고 싶을 때는 신선한 과일로 즙을 짜서 설탕을 첨가하지 말고 마시도록 한다.

커피 역시 다이어트 중에는 금물인 기호식품이다. 그러나 커피가 문제가 되는 것은 사실 커피에 넣는 프림가 설탕의 양이다. 프림은 설탕 못지 않는 고칼리 식품이다.

적게 먹고 배부르고 영양가 있는 식품으로 포만감 높인다.

배부른 느낌을 줄 수 있는 부담 없는 식품 선택방법

배가 고프다는 느낌을 참아야 한다는 것만큼 괴롭고 정신적으로 고통을 주는 것도 드물다.
따라서 공복감을 어떻게 극복해 나가느냐 하는 것이 다이어트 성공의 열쇠가 된다.
왜 배가 고파지는 것일까? 우리들이 음식을 먹으면 체내에 소화흡수 되어 활동에 필요한 에너지로 바뀌고, 남은 것은 글리코겐(당류)이나 지방 등의 형태로 체내에 축적된다.
하지만 배가 고파지면 혈액 중의 포도당 농도(혈당치)가 내려 감지되어 대뇌에 전달되면 대뇌는 체내에 축적되어 있는 물질을 에너지로 바뀌게 하는 지령을 내림과 동시에 스스로에게 '배가 고파졌다'는 신호를 보내 느끼게 되는 것이다. 이 신호에 과잉반응해 버리면 비반이 되고 만다.
공복감을 이기는 음식물은 당분이 낮으면서도 만복감이 있고 또 에너지가 적은 것으로 신중하게 선택해야 한다.

치즈 ●●

충족감을 주면서도 영양이 풍부한 식품 중의 하나가 치즈. 지방분이 4~5%(0%인 것도 있다) 정도로 낮으면서도 위속에 머무는 시간이 길어 만족도를 높일 수 있다. 또한 단백질이나 칼슘도 풍부하므로 영양이 밸런스를 취하는 데에도 훌륭하다. 물론 잼이나 꿀로 맛을 낸다거나 과일을 곁들이는 것은 피해야 한다. 치즈 1/2쪽 정도를 하루에 2번, 배가 고플 때 천천히 오래 씹어 먹으면 좋다.

사과 ●●

사과는 80%가 수분으로 구성되어 있고 비타민도 풍부하고, 몸의 독소를 배설시키는 작용이 있어 다이어트 식품으로 애용되고 있다. 다이어트의 식품으로 이용할 때는 부드러운 골덴 종류보다는 과육이 단단한 홍옥, 국광, 후지 등이 더 좋다.
하지만 200g에 약 1백칼로리를 갖고 있는데다가 당질이 많기 때문에 지나치게 의존하는 것은 바람직하지 못하다.

포도 ●●

포도에는 수분·당질·주석산·사과산·펩틴·철분·칼슘 등 유효성분이 풍부하게 들어 있다. 이 성분들은 피부의 윤기와 팽팽함을 유지하는데 효과적일 뿐만 아니라, 피로의 원인이 되는 젖산 분해를 촉진시켜 피로회복에 놀라운 효과를 나타낸다.

특히 질 좋은 수분이 포도의 80퍼센트 이상을 차지하고 있어 공복시 먹으면 포만감이 느껴진다. 당질은 소화흡수가 쉬운 포도당과 과당 형태로 되어 있어 위장에 전혀 부담을 주지 않는다.

●● 감자

감자는 칼슘이 풍부하고 열량도 1백g(감자 1개 정도)에 77칼로리 밖에 되지 않아 속이 허전할 때 안성마춤이다. 감자는 껍질째 푹 삶아야 영양 손실을 줄일 수 있고 맛도 더 있다. 마요네즈나 드레싱을 가하지 말고 찐 감자를 물 1컵과 함께 먹는다.

●● 미역

미역은 미네랄과 비타민이 풍부한 식품으로 특히 칼슘함량은 분유와 맞먹을 정도로 많이 들어 있다. 미역의 강한 알칼리성은 밥, 달걀, 고기, 생선 등의 산성 식품을 먹었을 때 산도를 중화시키는 작용도 뛰어나다.

특히 몸이 부석부석하고 부기가 있을 때 미역 속의 요오드 성분은 신진대사를 증진시켜 부기를 내리는 효능도 있다. 칼로리도 낮고 양도 많아 배고플 때 먹기에는 포만감이 좋다.

소금으로 싱겁게 간을 한 미역국(미역의 비율이 많게)을 1컵 정도 먹거나, 생미역을 데쳐 레몬즙을 뿌려 먹는다.

다이어트 뉴스

식사습관을 고침으로 스트레스를 막고 과식을 줄인다

잘못된 식사습관은 일상생활의 스트레스를 높이는 데에도 적지 않은 역할을 한다. 불규칙한 식사, 인스턴트 식품, 커피나 음주 습관 등은 집중력의 약화와 초조, 불안감을 가중시킨다. 다음은 스트레스에 강한 체력을 만들어주는 간단한 영양상식이므로 기억해 두고 활용한다면 많은 도움이 될 수 있다.

●● 과식이 스트레스 체질을 만든다

과식은 체내에 에너지를 많이 남기게 되어 피로하기 쉽고 스포츠를 즐길 기운도 없어지며 몸은 굳어져서 긴장하기 쉽고 호흡도 얕아져서 만성피로 체질을 만들기 쉽기 때문에 스트레스의 원인이 된다. 몸을 가볍게 놀릴 수 있도록 적당한 식사습관이 스트레스를 막는데 도움이된다.

●● 칼슘 부족이 불안과 초조함을 이끌어 낸다.

어떤 한 실험에 의하면 흰 쥐를 칼슘결핍증에 걸리게 해서 쥐의 행동을 관찰해 보니 쥐가 불안해 하며 난폭해지고 결국에는 서로 잡아먹는 일까지 일어난다는 연구가 있었다 스트레스가 많아지면 체내의 칼슘은 소비되고 또한 소변가운데 칼슘 배설량이 많아져 칼슘부족을 심화시킨다.

칼슘은 자율 신경계통의 안정 뿐만 아니라 스트레스로 가장 잃기 쉬운 비타민 B1의 저장에 중요한 역할을 하므로 칼슘을 보충해야 한다.

칼슘을 보충할 수 있는 음식물로는 우유, 두부, 치즈, 마른 새우, 무말랭이 등이 있는데 이러한 것을 많이 섭취하는 것이 스트레스 강도를 낮추는데 좋다.

●● 설탕을 과잉 섭취하면 스트레스를 유발한다.

사람들은 공복시에는 화를 잘 내고 불안해 하는데 이러한 것은 인체 내의 혈당치가 상승하기 때문이다. 즉 설탕을 많이 먹게 되면 인체내의 혈당치가 올라가서 스트레스를 유발하는 요인으로 작용한다는 것이다. 당뇨병 환자가 급격히 증가한 것을 보면 설탕의 과잉섭취는 반드시 피해야 할 것이다.

●● 비타민 C는 스트레스를 방지한다.

쥐나 고양이 또는 그 밖의 다른 동물들도 스트레스를 받으면 당장 체내에서 비타민 C를 만들어 낸다.

그러나 사람의 경우는 그러지를 못하기 때문에 비타민 C군이 많이 포함되어 있는 음식물을 섭취하는 것이 스트레스 방지에 많은 도움을 준다. 과일류 가운데에서도 특히 딸기, 키위가 비타민 C가 많고 야채, 감자나 양배추, 녹차류 역시 비타민 C를 많이 함유하고 있는 식품이다.

●● 짠 음식은 삼가하는게 좋다

짠 음식을 먹게 되면 산의 분비를 촉진시키고 강렬한 소화액이 위벽을 침투해 위궤양의 원인이 된다. 스트레스가 쌓이면 혈관의 운동이 원활하지 못하여 위의 내벽을 덮고 있는 보호막의 형성이 어려워진다. 이럴 때에 자극성이 강한 음식을 먹게 되면 위의 산분비를 자극 해서 위장병에 걸리기가 쉽다. 그러므로 될 수 있는대로 짠 음식도 피하는 것이 좋다.

●● 지방질의 섭취량을 줄인다.

스트레스가 심해지면 고혈압, 심장병 등에 걸리기 쉽다. 이러한 병에 걸리기 쉽도록 하는 것이 지방질을 과잉으로 섭취하는 것이다. 콜레스테롤의 양이 많아지고 혈관이 막혀서 늘어 지고 여러 형태로 순환기 계통과 뇌를 빨리 노화시킨다. 스트레스를 높이지 않으려면 지방질 섭취량을 조절해 나 가는 생환습관을 길러야 한다.

●● 정말 나쁜 식습관 3가지

1. 한번에 먹는 것, 계속 먹는 것, 빨리 먹는 것

천천히 씹는 것으로 과식을 방지하도록. 살찐 사람에게 많은 것이, 한꺼번에 먹거나, 계속 먹거나, 빨리 먹는다. 어느 쪽이든 과식하기 쉬운 특징을 갖고 있다. 이런 사람은 천천히 씹어서 먹는다면, 대뇌의 만복중추가 자극받아, 만복 사인을 빨리 하게 된다. 또 주말이 되면 기분이 개방적이 되어 계속 먹게 되는 사람은, 취미나 스포츠로 외출의 기회를 많이 만들도록 하자.

2. 하면서 먹는 것, 간식

과자나 주스를 집에 사두는 것은 삼가자. 무언가 하면서 먹는 것은 만복중추의 운동을 둔하게 하고, 만복감을 느끼기 힘들게하므로, 과식이 될 가능성이 높다.

식사시간에는 식사만을 즐기도록 하자. 또 간식도 하루 섭취 칼로리를 높이는 큰 요인이다.

3. 기분전환을 위해서 먹는 것, 화가 나서 먹는 것

식사 이외의 스트레스 해소법을 생각해내자. 초조할 때나 스트레스가 쌓일때 그것을 해소하기 위해서 먹는 사람은 가능한 먹는 것 이외의 다른 것으로 기분전환 하는 방법을 생각해 보자.

뷰티 뉴스 | MIS Pension News

제철 과일을 이용해 티없는 얼굴 가꾼다

건강한 피부는 윤기가 흐르고 매끄럽다. 피부는 계절이나 주의환경, 나이에 민감한데 특히 계절의 변화는 피부에 큰 영향을 미친다. 겨울철 피부손질을 게을리하면 피부가 거칠어지고 잔주름이 생기게 된다. 찬바람이 불기 시작하는 11월부터 봄바람이 건조한 4~5월까지의 피부관리는 소홀함이 없어야한다. 바깥공기에 차게 된 얼굴이 실내에 들어와 더운공기를 접하게 되면 급격한 온도변화로 피부가 손상되고, 심지어는 얼굴이 빨개지고 화끈거리며 달아오르기도 한다. 또한 실내외의 온도 변화로 피부가 늘어지고 지방분이 많은 피부는 더욱 피부가 늘쩍지근해지면서 화장이 겉돌게 된다. 이때 땀구멍도 늘어나고 피부에 무리가 생긴다.

● **사과팩**
넓어진 땀구멍을 조여주는 효과가 있다.

〈준비물〉
사과 1개, 우유 적당량

〈만드는 법〉
❶ 사과를 깨끗이 씻어 2등분해서 씨를 빼고 잘게 썬다.
❷ 우유를 자작하게 붓고 썬 사과를 넣어 걸쭉하게 끓인다.
❸ 사과가 퍼지면서 겔 상태가 되면 불에서 내려 차게 식힌다.
❹ 얼굴에 골고루 펴 바르고 20~30분쯤 후에 미지근한 물에 말끔히 얼굴을 씻어낸다.

● **밤껍질팩**
잔주름을 없애고 피부를 탄력있게 가꾼다.

〈준비물〉
밤 속껍질 말린것, 꿀, 탈지분유, 요구르트 적당량

〈만드는 법〉
❶ 밤은 껍질을 벗겨내고 속껍질을 칼로 얄팍하게 벗겨서 따뜻한 곳에서 바삭하게 말린다.
❷ 말린 밤껍질을 빻아 곱게 가루로 만든다.
❸ 밤 껍질 가루에 토종꿀을 1:1 비율로 섞어 갠다.

❹ 탈지분유 1큰술을 넣고 요구르트를 부어 걸쭉하게 잘 갠다.
❺ 눈주위나 입주위등 잔주름이 보이는 주변에 빠짐없이 고루 펴바르고 20~30분쯤 후에 미지근한 물로 깨끗이 씻어낸다.

● **포도팩**
잡티를 제거하고 피부를 매끈하게 한다.

〈준비물〉
포도 적당량, 올리브류 2~3방울, 레몬 1/2개, 탈지분유 적당량

〈만드는 법〉
❶ 포도는 껍질과 씨를 빼고 알갱이를 으깨서 즙을 낸다.
❷ 레몬은 즙을 내고 올리브유와 섞는다.
❸ 분유를 넣어 되직하게 만든다.
❹ 얼굴에 고루 펴바르고 20분쯤 지난 후에 깨끗이 얼굴을 헹구어낸다.
❺ 스킨으로 정리하고 로션으로 가볍게 마무리한다.

● **수박팩**
풍부한 수분으로 피로를 풀어준다.

〈준비물〉
수박, 레몬 1/2개, 탈지분유 2큰술, 밀가루 적당량

〈만드는 법〉
❶ 수박은 파란 껍질만을 얇게 벗겨내고 씨를 발라낸 후 흰부분과 붉은 속을 곱게 으깬다.
❷ 레몬즙을 내어 밀가루와 분류를 넣어 되직하게 갠다.
❸ 적당량을 덜어 거즈로 싸거나 아니면 그대로 얼굴에 발라 20분쯤 지난후 떼어내고 얼굴을 씻는다.
❹ 스킨으로 가볍게 얼굴을 정리하고 영양오일을 살짝 발라준다.

● **바나나팩**
피부진정과 굳은 각질 제거를 없애준다.

〈준비물〉
바나나 1/2, 계란 노른자 1개, 들깨, 검은깨 1작은술

〈만드는 법〉
❶ 바나나 1/2를 믹서에 간다.
❷ 갈아 놓은 바나나에 계란 노른자를 넣어 잘 섞는다.
❸ 여기에 들깨나 검은깨를 갈아 조금 섞는다.
❹ 적당량을 덜어 거즈로 싸거나 아니면 그대로 얼굴에 발라 20분쯤 지난후 떼어내고 얼굴을 씻는다.

뷰티 뉴스

거친 피부를 매끄럽게 만드는 팩

■오이팩
진정효과가 뛰어난 오이팩
〈준비물〉
오이 1개, 레몬 1/2개, 탈지분유 2큰술, 달걀 노른자 1개, 밀가루 적당량
〈만드는 법〉
❶ 오이는 깨끗이 씻어 강판에 간다.
❷ 간 오이에 레몬즙을 넣고 분유 2큰술을 섞는다.
❸ 달걀 노른자를 잘풀고 밀가루를 넣어 농도를 맞춘다.
❹ 거즈에 적당량을 덜어 싼 다음 이마, 볼, 입 주위에 20분쯤 얹어둔다.
❺ 깨끗한 물에 얼굴을 헹구어내고 스킨으로 정리한 후 로션과 크림을 정성껏 바른다.

■레몬팩
미백·여드름을 위한 팩
〈준비물〉
레몬 1개, 배 1개, 달지분유, 밀가루 적당량
〈만드는 법〉
❶ 배는 껍질을 벗겨내고 강판에 갈아 즙을 낸다.
❷ 레몬은 즙을 짜서 (1)에 넣어 고루 섞는다.
❸ 여기에 탈지분유와 밀가루를 넣어 약간 걸쭉한 상태로 만든다.
❹ 거즈에 적당량을 덜어 싼 다음 이마, 볼, 입 주위에 20분쯤 얹어둔다.
❺ 깨끗한 물에 얼굴을 헹구어내고 스킨으로 정리한 후 로션과 크림을 정성껏 바른다.

■오렌지팩
미백효과와 붉은 피부를 진정시켜준다.
〈준비물〉
오렌지즙 1큰술, 해초가루, 플레인 요구르트
〈만드는 법〉
❶ 오렌지는 즙을 낸다.
❷ 즙을 낸 오렌지에 해초가루를 섞는다.
❸ 여기에 플레인 요구르트를 섞어 농도를 맞춘다.
❹ 10분 정도 지난후 깨끗이 씻어낸다.
❺ 스킨으로 정리한 후 로션과 크림을 정성껏 바른다.

■알로에팩
피부 혈액순환이 뛰어나며 살균효과가 뛰어나다.
〈준비물〉
알로에 4~5cm, 오이 1/3개, 계란 노른자 1개, 꿀 2작은술, 탈지분유, 밀가루 적당량
〈만드는 법〉
❶ 알로에는 강판에 갈아 즙을 낸다.
❷ 오이는 깨끗이 씻어 강판에 갈아 즙을 낸 후 알로에와 섞는다.
❸ 달걀 노른자를 잘개어 ②의 즙에 넣어 섞는다.
❹ 탈지 분유와 꿀, 밀가루를 넣고 잘 갠 후, 얼굴에 고루 바른다.
❺ 20분쯤 후에 미지근한 물로 깨끗이 닦아낸다.
❻ 스킨으로 정리한 후 로션과 크림을 정성껏 바른다.

■살구씨팩
각질, 버짐, 기미에 탁월한 효과가 있는 살구씨 팩
〈준비물〉
살구씨, 토종꿀
〈만드는 법〉
❶ 살구씨를 따뜻한 물에 담궈 불린 후 껍질을 벗겨내고 곱게간다.
❷ 토종꿀과 살구씨 가루를 1:1 비율로 섞어 잘 갠다.
❸ 마사지를 끝내고 스팀타올로 얼굴을 정리한 후 재료를 얼굴에 골고루 펴 바른다.
❹ 거즈에 적당량을 덜어 싼 다음 이마, 볼, 입 주위에 20분쯤 얹어둔다.
❺ 스킨으로 얼굴을 정리한 후 영양오일을 발라준다.

■팥가루팩
팥은 멜라닌 색소를 감소시켜 미백에 효과적인 팩이다.
〈준비물〉
팥가루 10g, 쌀겨 3g,
〈만드는 법〉
❶ 팥가루와 고운 쌀겨를 섞는다.
❷ (1)을 면주머니에 넣어 꼭 묻은 후 뜨거운 물에 담근다.
❸ 가볍게 짜서 주근깨가 있는 부위에 5분 정도 가볍게 문질러 준다. 하루에 2~3회 반복한다.

Kimchidiet
김/치/다/이/어/트

- 체질에 맞는 김치
- 김치의 좋은점
- 비만이란?
- 김치 다이어트
- 김치 와 건강

김치 다이어트

체질에 맞는김치

체질에 따라 그에 맞는 김치를 먹으면 더 좋은 효과가 있습니다. 체질에 맞는 김치를 소개합니다.

백김치와 동치미 – 열이 많은 사람

찬 배추가 주원료이고 차가운 국물을 마시기 때문에 몸에 열이 많은 소양인에게 적당합니다. 그러나 생강이 많이 들어간 김치는 몸이 차가운 사람 몸에 열이 많아 더위를 많이 타는 사람에겐 금물입니다. 오래 먹으면 열이 쌓이고, 음기를 손상해서 눈을 상하게 하므로 주의해야 합니다. 젓갈이 많이 들어간 김치는 열이 많은 사람 차가운 성분의 생선을 주원료로 하는 젓갈 역시 차가운 성분입니다. 몸에 열이 많은 사람에게 적당합니다.

고추 등의 매운 양념이 들어간 배추김치 – 열이 많은 사람

몸이 차가운 사람에게는 배추의 찬 성질을 없애는 고추, 생강, 마늘이 많이 들어간 푹 익은 김치가 적당합니다. 단 구강염, 인후염, 결막염 등의 염증성 질환과 고혈압, 위궤양, 변비, 치질 등이 있는 사람들은 피해야 합니다. 특히 과민성 대장으로 변비가 심한 사람은 고추가 많이 들어간 얼큰한 음식은 피해야 합니다.

무김치 – 열이 많은 사람

무는 음식이 소화되지 않고 맺힌것을 풀어주어 가슴을 탁 트이게 하는 효능이 있습니다. 특히 두부를 먹고 체한 데 좋고, 밀가루 독을 해독해 주므로 국수류를 먹을 때 함께 먹으면 좋습니다.

물김치 – 몸이 뜨거운 사람

투명한 국물에는 특히 유산균이 많이 들어 있습니다. 몸이 뜨거운 사람에게 적당합니다.

김치의 좋은점

김치가 우리몸에 주는 유익을 아래와 같이 정리해 볼수 있습니다.

1. 저칼로리이면서 비타민, 미네랄 등의 영양을 충분히 공급할 수 있습니다.
2. 피부를 아름답게 하는 효과가 있습니다.
3. 위장을 깨끗이 청소하는 기능이 있습니다.
4. 소화기능을 활성화시켜, 배변을 촉진합니다.
5. 혈액 중의 콜레스테롤 양을 줄입니다.
6. 흡수하기 어려운 철분을 섭취할 수 있고, 빈혈이 예방됩니다.
7. 항암작용이 있습니다.
8. 땀을 많이 흘리게 하는 작용이 있습니다.
9. 지방의 축적을 막고, 이미 몸에 붙어 있는 지방을 연소시킵니다.
10. 피하지방의 연소에 필요한 근육을 만듭니다.

비만이란

비만이란 몸 안에 해로운 지방이 많아지는 것으로, 남자는 지방의 무게가 전체 체중의 25%를 넘을때, 여자는 30%를 넘으면 비만으로 봅니다.

비만 여부를 알 수 있는 가장 쉬운 방법은 체질량지수(BMI : body mass index)입니다. 체중(kg)을 키(cm)의 제곱으로 나눈 값을 체질량지수라고하며, 25(kg/㎡) 이상 일 때 비만으로 간주합니다.

김치 다이어트

비만은 칼로리의 과다 섭취와 소비 부족으로 여분의 에너지가 몸 안의 지방으로 축적돼 나타나는 '단순성(1차성) 비만'이 대부분입니다. 단순성 비만은 과식이나 폭식, 잘못된 식습관, 활동량의 부족, 우울이나 불안, 스트레스 요인, 비만의 가족력 등과 관련이 깊습니다.

비만은 외모의 문제가 아니라 고혈압, 당뇨병과 같은 만성 질환입니다. 비만 가운데 복부(내장형) 비만이 가장 문제인데, 아시아인은 허리둘레가 남자의 경우 35인치 이상, 여자는 31인치 이상일 때 복부비만이라고 합니다.

우리나라에서는 체질량지수가 높지 않은 사람도 복부 비만이 심한 경우가 많은데, 이런 경우에는 당뇨병이나 고혈압, 고지혈증 등 다른 합병증을 유발할 가능성이 높습니다.

뱃살을 부와 인격의 상징으로 여겨서는 곤란합니다. 이런 경우 자기도 모르는 사이에 내장 지방에 의해 온갖 합병증이 생기게 마련입니다. 오히려 살을 빼지 않아도 되는 젊은이들은 살빼기에 극성인 반면 살을 빼야 하는 중년들은 뱃살에 대해 전혀 심각성을 느끼지 못하고 있습니다.

김치 다이어트

김치에는 비만을 예방하고 치료해 주는 세가지 주요 성분이 있어 다이어트에 탁월한 효과를 발휘합니다!

사람은 누구나 아름답고 건강하게 살기를 원하지만, 비만이나 성인병으로 고민하고, 고통하는 분들이 너무도 많습니다.

김치는 지금으로부터 약2000년전부터 조상들의 슬기로운 지혜와 자연의 섭리를 담아 발전을 거듭해 온 식품입니다. 특히 각종 식약 재료와 유산균 발효에 의하여 만들어졌기 때문에, 김치에는 소중한 영양성분과 생리학적 기능성 성분이 함유되어 있습니다.

♣ 비만을 예방 치료하는 중요한 성분 3가지
▶ 에너지 대사 촉진 기능
▶ 체지방질 분해 연소 촉진 기능
▶ 열량소 섭취 억제와 배설촉진 기능

위의 세가지 기능이 비만을 예방하고 치료해주는 역할을 합니다.

특히 이러한 기능들은 정상적인 활동과 인체의 기능을 유지하는 범위 내에서 몸의 균형과 스타일을 만들어 주며, 따라서 건강을 위협하는 단기간의 다이어트 요법과는 그 특성이 다릅니다. 이러한 세가지 기능으로 인하여 김치를 장기적으로 복용하게 되면, 비만을 예방하는 데 아주 이상적인 방법이라고 말할 수 있습니다.

김치와 건강

김치내의 영양소는 다양합니다. 각 영양소가 우리 몸에 주는 유익을 알아봅니다.

김치는 어떤 종류의 부재료도 첨가할 수 있기에 필요한 영양소를 보충할 수 있으며, 특히 비타민C, 칼슘 등을 보충할 수 있는 Protective Ffood(보호 식품 : 다른 음식에서 부족하기 쉬운 영양소를 채워줄 수 있는 식품)라 할 수 있고, 비타민과 무기질의 보고입니다. 일반적으로 하루에 300g의 김치를 섭취하면 비타민 및 무기질 1일 영양권장량의 13~104%를 섭취하게 됩니다.

♣ 김치에 포함되어 있는 영양소
김치의 재료들 중에 다음과 같은 영양분들이 포함되어 있습니다.

김치 다이어트

- ▶ 단백질과 지방 : 고춧가루·멸치젓·굴 등
- ▶ 당질 : 고춧가루·마늘 등에 많고, 배추에는 2.4g/100g 정도 함유하고 있다.
- ▶ 칼슘과 인 : 대부분의 재료에 많고, 특히 고춧가루·새우젓·멸치젓·굴 등에 많다.
- ▶ 비타민A(카로틴) : 배추·고춧가루·파·당근
- ▶ 비타민 C : 배추·고춧가루

♣ 대장 건강에 좋은 김치

특히 마늘은 알리신 성분의 강력한 살균효과와 함께 아리티아민(allithiamin)이 되어 비타민B1을 몸속에 오래 보관하도록 하여 활력 증진과 신경안정 효과에 중요한 역할을 하고, 마늘 내의 알리신 및 불포화 지방산은 항암작용이 있는 것으로 알려져 있습니다.

김치는 대장 건강에 중요하게 작용합니다. 발효 중 생성된 유기산과 김치재료로부터 오는 식이 섬유소(dietary fiber) 때문에 변비 예방효과가 있으며, 생성된 유산균과 협동하여 대장암 예방에 중요한 역할을 합니다.

잘익은 김치 국물 한 숟가락엔 108~109개의 유산균이 들어 있는데, 요구르트도 이와 함량이 비슷합니다. 그러므로 한국인은 김치를 매일 먹기 때문에 요구르트를 따로 먹지 않아도 유산균을 충분히 섭취할 수 있는 이점이 있습니다.

중요한 항암성분들은 암을 예방하는 채소류가 주원료이기에 항암 영양소인 비타민C·베타카로틴·식이섬유소·페놀성 화합물·유산균 등 여러 항암 영양소 및 기능성 물질을 많이 가지고 있어 암예방 및 항암 효과를 갖고 있습니다.

최근 본 연구실의 연구에 의하면 시험관 내의 실험 중 에임즈(Ames) 테스트, C3H10T1/2 세포 및 여러 인체 암세포주실험에서 김치는 암예방 효과를 보였으며, 실험동물을 이용한 생체실험에서도 김치 추출물은 암예방 및 항암 효과, 면역증강 효과, 암

세포 전이억제 효과 등이 확인되었습니다.
또한 김치의 고춧가루와 매운 성분인 켑사이신이 살을 빼고 운동지구력을 증진시킨다는 연구가 발표되어 다이어트(비만 예방)에 관심이 많은 여성들에게 김치가 선풍적인 인기를 얻고 있습니다. 그리고 김치 내의 마늘은 활력 및 정력을 증가시킨다고 남성들에게도 인기가 좋습니다.

♣ 김치에 건강에 끼치는 영향

김치와 건강과 관련된 기능성을 요약해 본다면 다음과 같습니다.

- ▶ 식욕을 증가시킴.
- ▶ 저열량 및 고춧가루의 켑사이신으로 다이어트 효과.
- ▶ 쌀밥과 잘 어울리는 영양면에서 균형에 맞는 음식이다.
- ▶ 혈청 콜레스테롤 함량을 낮추고 혈전용해(fibrinolytic)활성을 갖음.
- ▶ 항산화 효과와 같이 노화를 억제하고 특히 피부 노화를 억제.
- ▶ 자연살해 세포 및 탐식작용이 있는 큰포식세포의 활성을 높임.
- ▶ 항돌연변이 및 암예방 효과를 갖는다.

이와 같이 김치는 우리 조상이 우리에게 남겨 준 과학적으로 제조된 건강식품입니다.
이처럼 김치를 제대로 이해하고 섭취하게 된다면, 건강에 큰 도움이 될 것입니다.

Bring up a children

자/녀/교/육/법

- **성공하는 아이를 만드는 10가지 방법**
- **또래 아이들과 잘 어울려 놀게 하려면**
- **부모가 지켜야 할 7가지 원칙**
- **자주 우는 아이의 세가지 유형**
- **놀기만 좋아하는 아이의 학습지도**

자녀교육법

성공하는 아이를 만드는 10가지 방법

1. 좋은 습관과 태도를 보일때 칭찬하라.
   장점을 북돋운다.
2. 나쁜 습관을 야단치지 말고 고쳐 줄 방도를 연구한다.
3. 아침이 중요. 학교 갈 때 "넌 잘 할거야"라며 등을 두드려 준다.
4. 부모가 아침에 운동이나 명상 책읽기 등으로 모범을 보인다.
5. 아이가 좋아하는 '우상'과 아이의 별명을 알아둔다.
6. 말투를 긍정문으로 고치도록 노력한다.
   결국 부모가 "안돼"보다는 "하자"류로 말투를 바꿔야 한다.
7. 식사할때는 긍정적인 이야기를 위주로 한다.
8. 부모가 자녀에게 기대하는 것을 가끔 편지로 쓴다.
9. 가족 모두 각자 이번 주에 할 일을 써 본다.
10. 아이 앞에서 돈 이야기를 하지 않는다.
    따라서 같이 어울리지 않는다 하여 포기할 것이 아니라 같은 공간에 함께 있게 하는 일부터 시작하는 것이 필요하다.

부모가 지켜야 할 7가지 원칙

1. 끊임없이 자극을 주어라
   다양한 경험을 할 수 있도록 한다.
   여러 가지 보고 듣고 느낄 수 있도록 도와준다.
2. 두 얼굴의 부모가 되지 말자.
   일관성 있는 환경을 만든다.
   늘 같은 농도의 관심을 제공하고 갑자기 화를 내거나 차갑게 대하지 않는다.
3. 놀이로 배우게 하자.
   흥미로운 놀이교육을 제공해 준다.
   교육적인 면만을 강조한 교육놀이보다는 놀이를 통해 스스로 터득할 수 있는 흥미위주의 교육을 제공한다.
4. 스스로 하게 하자.
   자발적이며 자율적인 환경을 제공한다.
   부모의 강요에 의한 학습이 아닌 유아가 자발적으로 학습할 수 있는 환경을 만들어 준다.
5. 골키퍼처럼 지켜라.
   한 순간도 빼놓지 않고 끊임없는 관심을 유지한다. 아이가 원하고 필요로 하는 것이 무엇인지 지속적으로 관찰하고 관심을 갖는다.
6. 지식보다는 지혜를 우선시 하라.
   아이들이 스스로 문제를 풀어 갈 수 있도록 부모들은 길을 안내해 주는 역할을 한다.
7. 실수를 허용하라.
   긍정적인 사고력을 제공한다.
   모든 일을 긍정적으로 올바르게 판단할 수 있도록 도와 준다.
   제한이나 부정적 지시 혹은 강요보다는 실수는 있을 수 있는 일이나 되풀이 해서는 안 된다는 점을 깨닫도록 한다.

자주 우는 아이의 세가지 유형

잘 우는 아이에는 세 가지 유형이 있다. 감정이 풍부해 잘 웃고 우는 아이, 자신감 없이 위축된 채 피해의식이 커서 누가 뭐라 말만 해도 눈물을 흘리는 아이, 자기 중심적이어서 뜻대로 안되면 울기부터 하는 아이들이다.

누구나 속상하면 울 수 있고, 울고 나면 정화되는 부분이 있기에 무조건 울지 말라고 야단치는 것도 현명한 방법은 아니다. 그러나 울 음을 무기로 삼아 반복적인 행동을 한다면 특별한 지도가 필요하다.

감정이 풍부한 아이에겐 울 수 있게 해주되 장소를 제한하는 게 좋 다. 거실에서 소리 지르며 울 일이 아니라, 자기 방에서 울고 나오는 습관을 들여야 한다. 자신감이 없고 자기 표현을 못하는 아이에게는 속상함을 말로 표현하도록 가르친다.

적절한 자기방어도 할 수 있게 도와준다. 부당하게 다른 아이에게 맞았을 때는 대응 방어를 하거나, 어른이 있을 때는 도움을 청하는 능력을 길러줘야 한 다. 그래야 맞는 아이가 되지 않는다.

자녀교육법

자기 뜻대로 되지 않는다고 우는 아이는 먼저 관찰을 해보자. 아이가 조용히 요구할 때는 모른 척하다, 울고 때를 써야 관심을 주지는 않는지, 아이가 울면 부모가 져주지는 않는지.

아이가 울음을 무기로 쓰고 있다면 부모 태도가 먼저 바뀌어야 한다. 울지 않고 자기 요구를 얘기해야 받아들이고, 울어야 효과가 없다는 사실을 스스로 깨우쳐 줘야 한다. 안 된다는 점을 깨닫도록 한다.

놀기만 좋아하는 아이의 학습지도

아이뿐만 아니라 누구나 노는 것을 좋아합니다. 따라서 엄마가 가능한한 재미있는 방법을 고안하여 공부를 돕는 다면 더 좋은 일이 없을 겁니다. 하지만 이렇게 만은 해결되지 않는 문제들이 있지요. 매일 해야할 숙제도 있으니까요. 아이와 함께 해야할 일의 계획표를 짜 보시면 어떨까요?

그리고 계획된 일을 잘 마친 것을 매일 확인하시고 다양한 방법으로 자그마한 상을 주시는 등으로 칭찬해주세요. 그때 그때 지시하고 지적하면 잔소리가 되지만 이렇게 함께 계획을 세운다면 아이가 공부하는 것을 자기 일의 일부로 생각할 수도 있습니다. 그리고 공부에 흥미를 느끼게 하는 중요한 동기는 새로운 것을 배웠을 때의 희열과 부모나 선생님의 칭찬에서 비롯된다고 봅니다.

1. 좋은 습관과 태도를 보일때 칭찬하라. 장점을 북돋운다.
2. 나쁜 습관을 야단치지 말고 고쳐 줄 방도를 연구한다.
3. 아침이 중요. 학교 갈 때 "넌 잘 할거야"라며 등을 두드려 준다.
4. 부모가 아침에 운동이나 명상 책읽기 등으로 모범을 보인다.
5. 아이가 좋아하는 '우상'과 아이의 별명을 알아둔다.
6. 말투를 긍정문으로 고치도록 노력한다. 결국 부모가 "안돼"보다는 "하자"류로 말투를 바꿔야 한다.
7. 식사할때는 긍정적인 이야기를 위주로 한다.
8. 부모가 자녀에게 기대하는 것을 가끔 편지로 쓴다.
9. 가족 모두 각자 이번 주에 할 일을 써 본다.
10. 아이 앞에서 돈 이야기를 하지 않는다.
    따라서 같이 어울리지 않는다 하여 포기할 것이 아니라 같은 공간에 함께 있게 하는 일부터 시작하는 것이 필요하다.

또래 아이들과 잘 어울려 놀게 하려면

만일 당신이 사람을 좋아하여 집에 초대해서 대접하는 일을 즐겨한다면 당신의 자녀들은 자연히 따라하게 되어 사귈 기회가 많아 질 것이다. 어린이들은 자기 나이의 친구들과 함께 놀 수 있는 많은 기회를 요구한다. 음악, 미술, 무용컴퓨터, 속셈 등 몇 개의 과외학원에 쉴새없이 다니게 하여 어린이가 놀아야 할 시기에 마음대로 놀 수 없게 방해하는 부모가 되지 않도록 주의하여야 한다.

같은 나이의 친구들을 불러모아 놀게 하려면 부모들은 많은 수고를 하여야 한다. 친구를 집으로 데리고 오도록 당신의 자녀에게 권장하고 친구를 데리고 집에 오거든 반가이 친절하게맞아 주어야 한다. 당신의 자녀가 소풍갈때나, 어린이 공원이나 박물관 구경을 갈 때나, 자기 친한 친구들과 같이 가게 한다.

이따금 친구를 저녁식사에도 초대한다. 만일 아이들이 와서 놀다가 방에 놓인 물건을 건드리고 상하게 하면 어쩔가 하는 염려가 있다면 아이들이 함께 놀 수 있는 방을 치워주고 마음 놓고 놀게 한다. 이렇게 해서 부모들은자녀들이 친구를 많이 사귈 수 있도록 도와 주어야 한다. 당신의가정을 항상 어린이들이있고 싶어하는 곳으로 만드는 것이 바람직하다.

첫째, 아이가 지나치게 자기 중심적이 아닌가 살펴본다. 무엇이든 자기 마음대로 하는 아이는 친구들과 어울릴 수 없다. 양보하고 타협하며 상대방을 존중하는 태도가 남과 어울리는데 필요한 것이다.

둘째, 다른 아이들과 함께 놀 기회를 가능한 한 많이 마련해 준다. 물론 처음에는 각자 따로 놀지만, 시간과 횟수가 증가함에 따라 점차 주고받기를 시작하여 협동하게 된다.

토정비결

재미로 보는 토정비결

토정비결은 이조 중기 풍수신앙과 음양복술(陰陽卜術)이 합쳐진 예언
도참사상에 의거해 토정 이지함 선생이 저술한 것으로서,
천재지변(天災地變) 병화(兵火)에 관한 거지(居地)의 길흉화복과
길방(吉方)·복거(卜居)에 대해 다루고 있다.
예로부터 오늘날에 이르기까지 많은 사람들이 새해가 시작되기에 앞서
미리 한해의 운수를 뽑아보곤 하는데, 좋은 괘가 나온 덕담에는
기뻐하고 희망을 품을 것이며, 설사 나쁜 운수가 나왔더라도 그에
주의하며 대비하는 정도로 마음씀을 그쳐야 할 것이지 지나치게
점괘를 신뢰해 안일하고 방만한 태도로 일관한다거나, 지나치게
실망하고 좌절하지는 말아야 한다.

※ 토정비결 조건비표는 표지2쪽(앞 표지 바로 뒤)에 있습니다.

111 이 괘(卦)는 대단히 좋은 괘로서 특히 남자들에게 더욱 길(吉)한 작용을 한다. 명예와 지위 재산이 오르고 양태하게 되면 반드시 아들을 낳을 수 이다. 여성은 남성 못지 않은 활동을 하게 되며 큰일을 하려는 사람은 작은 근심을 버리니, 귀인이 절로 찾아오고 마음도 몸도 편안해진다.	1·2월 근심은 사라지고 기쁨이 가득하니 생남 아니면 재물과 땅을 얻는다. 3·4월 혹은 일이 틀어지기도 하지만 트인 운수를 누가 잡을 것이냐. 운수가 큰 걸음으로 성큼 다가오니 오솔길에서 큰길로 나가는 격.	5·6월 이성(異性)을 가까이하면 구설수에 오를 수 있으니 친구를 조심하라. 7·8월 출세의 길이 열리지만 혹시 있을지도 모를 재난에 대비해야 한다. 그렇지 않으면 횡액수가 있으니 조심해야 한다.	9·10월 역마수가 있으니 바쁜 나날이 될 것이다. 건강에 주의해야 한다. 11·12월 끝까지 벌인 일을 마무리 하라. 마음 불편한 일이 생긴다. 몸은 푸른 하늘처럼 쾌청하나 재물이 없으니 길흉이 교차한다.
112 이 괘는 동인(同人)이란 글자가 표시하듯이 타인과 공동으로 사업을 벌인다든가 아니면 이성관계가 쉽게 맺어지는 것을 뜻한다. 사업을 하는 사람이 이 괘를 얻으면 공동으로 수지를 맞추나 쟁송을 조심하고 젊은 사람들은 삼각관계로 구설이 따르기 쉽다.	1·2월 평균적으로 현재상태의 유지, 재물이 들어오나 헤프게 쓰지 말라. 작은 것으로 큰 것을 얻으니 요행이 따른다. 3·4월 친구를 조심하지 않으면 손해를 볼 수 있다. 남일에 깊게 간섭하지 말라.	5·6월 재물은 원하는 만큼 들어오나 구설수를 조심하라, 비방받는다. 남쪽은 불리하니 가지 마라. 7·8월 위태로운 시작에 비해 열매는 아름답다. 질병에 관심써야 좋으리. 관재수가 따를까 두렵다.	9·10월 가족에게 근심 닥쳐온다. 지나간 기회를 그리워말고 깊이 생각하라. 11·12월 자신을 돌아보며 정리하라. 몸을 움직이면 길흉이 함께 닥친다.
113 이 괘는 하늘은 맑고 땅에 있는 호수 또한 맑아 천지가 다 밝다는 뜻으로 아주 좋은 운세이다. 남녀노소를 막론하고 윗사람의 도움을 받을 수 있어 매사에 막히는 일이 없으며 도모하는 일이 반드시 이루어진다. 재물이 생기지 않으면 슬하에 영화가 있을 것이다. 결혼에는 더욱 좋다.	1·2월 봄에 돋아나는 새싹과 같이 생동감 있고 활력이 넘쳐 흐른다.몸이 바깥에 나가니 뜻밖의 횡재를 한다. 3·4월 집안에 기쁜 일 생기고 혼인 아니면 생남, 생과 마음이 행복하다.	5·6월 모든 일이 잘되니 방만하기 쉽겠다. 노력해야 구름이 개인다.배우자에게 정성을 다하라. 금실에 금이 갈까 두렵다. 7·8월 타고난 인덕(人德)의 도움이 있을 때이니 황재하리라. 또 귀인이 도와 관록이 따른다.	9·10월 이익이 적지는 않으나 돌에 채일 염려있다. 배우자에게 잘하라. 내환이 아니면 구설로 친한 이와 다툰다. 11·12월 뒤늦은 권세가 찾아들지 모른다. 주위를 살펴 때를 맞추라.
121 이 괘는 위험한 가운데서 좋은 기회를 잡을 수 있는 찬스가 오게 된다. 그러므로 보수적인 주의보다는 진보적이고 투기적인 사고방식이 뜻밖의 성공을 가져오게 되는 운세이다. 애정관계에 있어서는 처음에 갈등이 있으나 나중에 원만해진다. 구름이 흩어지고 달이 나오니 천지가 훤한 격이다.	1·2월 부모형제지간에 한 소리로 노래하듯이 조화로운 가정 되리라. 복덕이 몸을 따르니 근심이 깃들일 새가 없다. 3·4월 바다 한가운데서 파도 만난 듯 당황하게 될 수가 있다.	5·6월 사람으로 인해 즐거움 오고 사람으로 인해 화도 오리라. 몸이 길 위에 있으니 한 번은 먼 길을 떠날 수다. 7·8월 재수가 대길하니 금의 환향할수. 서쪽 방향을 조심하라.	9·10월 바다와 연관되는 사업을 하면 그대로 재물로 이어진다. 사람이 서로 도와주니 편안하고 태평하리라. 11·12월 친구의 호의를 거절하지 말고 조심스레 받아들이면 길조.
122 이 괘는 호랑이 꼬리를 밟듯이 살얼음판을 디딘듯이 대단히 위험성을 내포하고 있다. 그러므로 절대로 망동해서는 안되고 굳은 신념을 갖고 만사를 사리에 맞게 처리해야만이 무사한해이다. 또 자녀 때문에 근심, 개내에 우환이 있기 쉬운 해이다.	1·2월 매사에 근심이 끼이기 쉬우므로 행동에 신중을 기하는 편이 좋다. 구설이 따를까 두렵다. 3·4월 액운이 있을 수 있지만 주의의 염려로 길조가 될 가능성도 있다. 명산에 가서 열심히 기도하면 불길한 수를 면한다.	5·6월 어려움 뒤에는 좋은 일이 있다. 다툼으로 잃는 일이 없도록 하라. 남의 도움을 받으면 바야흐로 재물이 생길수다. 7·8월 있어야 할 자리에 제대로 서 있으면 자기 복을 찾는다. 단비가 내리듯 뜻밖에 귀인을 만난다.	9·10월 부동산에 투자하면 재미를 보겠으나 타인의 간계를 조심하라. 해를 입을까 두렵다. 이름은 떨치나 실속이 없다. 11·12월 일년간의 횡액을 한순간에 몰아 낼 수 있으니 눈을 크게 뜨라.
123 이 괘는 너무 강세(强勢)가 있기 대문에 남과의 불화쟁송(不和爭訟)이 일어나기 쉬우므로 겸손하고 과묵한 마음으로 한 해를 지내야지 그렇지 않을 때는 손실을 초래한다. 특히 여성은 남자 때문에 많은 속을 상하기 쉽다.	1·2월 서두르려 하지 말라. 오히려 달성이 어려워진다.신운이 불리하니 내환이 생길까 두렵다. 3·4월 공상적인 꿈을 쳐다보지 말고 자신의 능력을 먼저 확인하도록 하라. 북북쪽은 해로우니 조심하라. 도둑을 조심하라.	5·6월 재물에 손실있을 수 있으니 많은 양의 투자는 하지말도록. 재물을 잃지 않으면 몸이 괴롭다. 7·8월 천천히 자신의 운세가 열리고 있다. 고삐를 움켜주어라. 여자를 가까이 하지 말라. 구설이 몸을 해친다.	9·10월 생활에도, 사업에도 윤기가 돌며 화는 없어지고 복이 가까우리라. 화가 변하여 복이 된다. 11·12월 도이상의 과욕은 허망하기만 할뿐. 자족하면 축하받을 일 생긴다. 기다리면 복이 있으니 설달 느지막이 경사가 생긴다.
131 이 괘는 허욕을 부려서는 크나큰 손해를 본다고 한다. 맑은 마음과 정직한 마음을 갖는것만이 제일 좋은 방법이다. 이동수(移動數)가 있고 여성은 결혼수(結婚數)가 있는데 상대방의 속셈에 말려들기 쉬우므로 매우 조심해야 한다.	1·2월 아직은 캄캄한 새벽. 일을 시작하려 해보았자 결과가 없다. 머리만 있고 꼬리가 없는 격이로다. 3·4월 뜻밖에 명성을 얻으나 제갈 길을 몰라 헤매는 어린 소녀의 상.	5·6월 신의를 중요시하고 시비를 조심하라. 가족의 구설수가 염려된다. 집안에서 일어나는 일을 밖에서 말하지 마라. 7·8월 상서로운 조짐이 남쪽에서 오나 외로운 기러기 신세. 무실무가 하니 가인과 짝하지 못한다.	9·10월 겉으로 그럴싸한 일이 있어도 내실은 하나도 없는 신세. 이익을 구하려면 동쪽을 주시하라. 11·12월 거의 해를 넘기면서 고독과 이별하고 새로운 인연을 맺겠다. 귀인이 곁에 있으니 모든 일이 대통한다.
132 이 괘는 만사가 뜻대로 되는 좋은 괘이다. 자식이 없던 사람은 이들을 얻게 되고 금전상 궁핍을 당하던 사람도 재운이 대통하게 된다. 이성간의 교제도 이루어지게 되고 장래에 훌륭한 배우자가 된다.	1·2월 새로운 환경속에 새로이 꽃이 피어나니 변화가 기분좋다.운도 옛것이 가고 새것이 오니 작은 것으로 큰 것을 이룬다. 3·4월 생각지 않던 성공이 자기 것이 되지만 이로 인한 구설수도 적지 않다.	5·6월 일신이 편안하여 즐거움을 누리니 시간과 뜻이 맞아들어간다. 관록이 생기지 않으면 뜻밖의 황재를 한다. 7·8월 구름 걷혀 만월이 돋아오니 아내에 경사있을 수.처궁에 경사가 있으니 집안에 봄기운이 가득	9·10월 평생살이가 지금과 같다면 누가 인생을 고해라 말하랴. 겨울 석달 동안에 재물을 얻게 된다. 11·12월 길 떠나면 재수가 있을 괘, 주저없이 밀고 나가라. 운수가 형통하고 일신이 절로 편안하다.
133 이 괘는 광막한 들판에 노송(老松)이 홀로 서 있는 상으로 쓸쓸함을 주는 좋지 않은 괘상이다. 또 뜻밖의 놀림이 있기 쉽고 매사가 허무하게 되어 버리는 뜻이 있으므로 특히 대인관계를 신중히 해야 한다. 여자는 불행한 남자를 만나기 쉽다.	1·2월 길잃어 헤매나 사람들이 진심을 믿어주지 않는다. 금이 화로로 들어가니 마침내 큰 그릇이 된다. 3·4월 천리타향 외로운 몸에 구설수까지 얽혀 마가 끼어 있다. 관재 아니면 구설이 따른다.	5·6월 오가는 길에 귀인을 만나 행운을 잡으니 결혼으로 이어질 수도 있다. 7·8월 환경은 어울리는데 만남의 시작만 있을뿐, 끝이 안보이니 허망하다. 수풀사이로 난 길 위에서 귀인을 만난다.	9·10월 큰 집을 짓는 형세라, 친구는 실망주지만 운수는 대통. 신수는 평길하고 재물 운은 좋다. 11·12월 매사를 신중히 하면 의외로 큰 것이 수중에 들어온다. 작은 것을 구하다 큰 것을 얻으니 소망이 뜻대로 이루어진다.

141 이 괘는 동서남북 어디를 가나 나를 도와줄 사람은 하나도 없는 고독한 괘다. 집안은 편하지 못하여 근심이 있으며 쓸데없는 타인의 일에 간섭했다가 시비 구설이 따라 오매 매사에 막힘이 많고 이루지 못한다.	1·2월 길흉이 하나로 교차하므로 함부로 일을 진행키 어렵다. 3·4월 동분서주하며 재수도 있으나 움츠려진 몸이 잘 풀리지가 않는구나.	5·6월 재물을 얻으려거든 의지를 향하라. 고향에선 일 없겠다. 7·8월 새 일을 벌이기보다는 직분을 지켜서 현상을 유지하라.	9·10월 얼마간의 재물이 있겠으니 강가에 배가 없는 격. 활용에 문제있다. 11·12월 남의 재물을 탐하지 말라. 남과 동업을 꾀하지 말라.
142 이 괘는 춥고 어둡던 골짜기에 봄이 찾아와 만물이 소생하는 형상이다. 그러므로 만나는 사람마다 나를 이롭게 하고 모든 것이 전화위복(轉禍爲福)이 되는 수이다. 남녀가 다 좋은 배우자를 만날 수 있어 백년가약을 맺을 수 있다.	1·2월 재물과 명예를 얻게 되나 재수가 없어 손실이 따르게 된다. 3·4월 꽃이 지고 열매를 맺으니 관과 인연을 맺은지 생남하리라.	5·6월 두마음을 품지마라. 실패에 마음쓰며 시비가 따르겠다. 7·8월 꽃에 벌과 나비 모여들듯이 좋은 친구를 얻을 수 있다.	9·10월 가을 들녘에 만개한 꽃이 되니 얻은만큼 많이 나가게 된다. 11·12월 기쁜 일이 겹치고 먹는 장사를 하면 투자 이상의 효과를 보겠다.
143 이 괘는 비오는 밤길에 진퇴를 결정하지 못하는 격으로 매우 난처한 형편에 놓여 있는 형상이다. 또 사람마다 나와 뜻이 맞지 않으니 고립되어 버리기 쉽다. 결혼도 삼각관계로 얽혀 자기의 취할 바를 바로잡지 못하게 된다. 이럴때는 성실한 마음으로 살자.	1·2월 자라나는 새순이 눈내려 상처입는 격. 남의 말을 믿지말라. 3·4월 마음은 허망하나 꽃다운 인연을 만날수도, 동업은 금물.	5·6월 질병 아니면 구설수 있겠고 부모에 근심 생긴다. 7·8월 옛 인연을 만나면 이익 생기겠고 새일을 도모하면 불리하다.	9·10월 재물이 왕성하나 방황하면 실패한다. 이사하지 말라. 11·12월 돈을 벌 수 있으나 사람을 잘못 사귀면 해를 보겠다.
151 이 괘는 서까래를 가지고 고기를 잡으러 가는 상으로 어떤 일을 해도 이루어지지 않는다. 또 묵묵히 남이 모르는 실력만 쌓아두는 것이 제일 상책이다. 연말에는 다소 희망이 보이기 시작한다.	1·2월 눈앞의 이익에 연연하면 길조가 흉조될 수 있으니 주의하라. 3·4월 운세의 때는 왔는데 연결이 안되니 얻기가 어려워진다.	5·6월 길조와 흉조가 늘 함께 있으니 매사에 신중을 기해야 한다. 7·8월 재액을 면하려면 신중 또 신중, 돌다리도 두들기고 건너라.	9·10월 먼 길 떠날 운세가 아니다. 의외의 재물 얻어도 집에 머무르리라. 11·12월 집안이 태평해지고 뜻밖의 도움을 얻어 재물운이 있으리라.
152 이 괘는 눈앞의 사소한 이득을 탐하지 말고 후환을 없게 해야 한다. 편안할 때 위험함을 생각하고 이득을 볼 손해를 생각하는 것이 군자(君子)라는 생각을 가져야만 화가 일어나지 않는다. 경거망동을 금할 것	1·2월 물과 불을 조심하고 차조심하라. 출행은 삼가는 것이 좋을듯. 3·4월 타인의 잔꾀나 유혹에 넘어가지 말며 심사숙고해서 집안을 지켜라.	5·6월 정성을 다하면 지나쳐가던 재수가 자기의 것이 된 흥왕할 수. 7·8월 얼굴 맞대고 이야기해도 마음은 딴데 있으니 동업하지 말라.	9·10월 행하려 하나 나아가지 못한다. 심중의 괴로움이 병이 되지 않게 하라. 11·12월 재물은 늘지만 진퇴양란의 절벽에 서있기 십상이다.
153 이 괘는 함부로 망령되게 행동하지만 않으면 처음엔 곤궁하나 나중에 걱정이 없게 되는 상이다. 또 남과 다툴 수가 있으니 조심을 요한다. 부부간에는 고정(告靜)이 있고 연인들 사이에는 이별하는 눈물을 흘리지 않을 수 없는 운세가 보인다.	1·2월 재물을 찾아 밖을 나서면 물 없던 용 시내 찾는 격이다. 3·4월 정직하게 행하면 뜻밖의 귀인만나 액운은 사라지고 복만 가득해.	5·6월 남과 다투어봤자 결론 안난다. 둥근 달도 한 때임을 기억하라. 7·8월 구설수 있고, 액땜의 우려 있으니 자중하는 생활을 찾아야 한다.	9·10월 타인으로부터 칭찬 들을 수. 만물이 크게 생육(生育)한다. 11·12월 한명, 두명, 세명이 넘도록 공경하고 봉사하면 마무리가 좋으리.
161 이 괘는 봄풀이 단비를 만난 것 같이 양양한 앞날을 약속할 수 있는 좋은 상이다. 부부는 화목해지고, 혼인이 이루어지거나, 아니면 집안에 득남하는 경사가 있고, 사람들이 많이 찾아와 집안이 북적대는 괘다.	1·2월 이익을 보고자 하나 손에 들어오면 곧 없어지는 운세. 3·4월 일을 여러가지로 벌인만큼 인간관계 조심해야 한다. 시비는 피해야 한다.	5·6월 상리(商利)가 대통하겠으니 장사를 시작하여 출행토록 하라. 7·8월 동업을 하되 먼 길은 친구에게 맡기고 대범한 마음 가져야.	9·10월 경영하는 일이 허망해지기 쉬우니 인정에 약해지지 말라. 11·12월 새로운 일 시작하지 말라. 만사가 저절로 형통해질 것이다.
162 이 괘는 탐욕을 내지만 않으면 자연히 좋아지는 상이므로 정직한 마음이 필요할 때이다. 부부간이나 연인들 사이에는 다소 알력이 따르기는 하나, 오히려 그것이 좋은 결과를 가져오게 되며, 뜻밖에 희소식이 있게 된다.	1·2월 의기양양하여 재물을 구하면 그대로 얻겠다. 3·4월 자리를 옮아가면 복이 오고 경사가 있으되 여색을 멀리하라.	5·6월 타인의 일에 참여했다가 시비 일어난다. 진퇴를 분명히 하도록. 7·8월 만물이 생동하며 물에 놓인 고기의 격으로 태평을 누리리라.	9·10월 동업에 성공하면 재물 얻게 되니 조급하게 서두를 것 없다. 11·12월 횡재 아니면 경사가 꼭 있고 귀인을 만나니 뜻밖에 성공한다.
163 이 괘는 자기의 분수를 지켜 움직이지 말고 가만히 있어야만 좋을 괘이다. 아니면 가을풀이 서리를 만난 것 같이 좋지 않은 일이 생기고 하는 일마다 엇갈려 마음의 고통이 많은 괘이다.	1·2월 기쁨 가운데 근심이 서리니 기껏 얻은 도끼에 자루 빠지는 격. 3·4월 몸이 편안코 화창한줄 아나 하늘에 구름만 떠있고 비는 없다.	5·6월 세상일은 꿈같고 남쪽에 길함이 있으나 언제 손이 닿을꼬 7·8월 남을 믿어 해로우니 특히 이성관계에 슬픔이 오기 쉽겠다	9·10월 집에 화목할 일이 없고 상하가 불화하겠다. 11·12월 천리타향에서 귀인을 만난 격으로 기쁨이 대단하다.

211 이 괘는 부지런한 마음으로 꾸준히 노력하고 규칙적인 생활을 해야만 큰 탈이 없이 무사히 넘길 수 있다는 운세(運勢)이다. 그러므로 방종과 불신을 버리고 향심을 갖는 것만이 어려움을 개척할 수 있다는 것을 명심해야 한다.	1·2월 쓸데없는 생각을 버려야만 자연히 복을 받을 수 있다. 3·4월 허심탄회한 마음만이 만사를 이루게 하는 근본. 횡재 아니면 경사.	5·6월 재물을 탐하지 말라. 자신의 운세가 그대로 봄바람이다. 7·8월 고기가 물을 만나 용이 되는 격이니 매사에 길함이 있겠다.	9·10월 자기 자신을 알자. 그러면 복을 받아 재수가 대길하리라. 11·12월 얻은 것의 절반을 잃게 될 운세이나 지난 일을 따지지 말라.
212 이 괘는 글자가 표시하듯이 반드시 어떤 변동이 있음을 나타낸다. 관리는 직위의 변동, 다른 사람은 주택이나 사업의 변동이 있을 수가 있다. 그러므로 사후를 잘 살펴 대단히 주의를 해야만 실패가 따르지 않을 운세이다.	1·2월 용과 범이 서로 싸우는 뜻이 있으니 세력을 너무 믿지말라. 3·4월 고기가 바다로 들어가니 의기가 양양하다. 남과 동업하면 재물을 얻는다.	5·6월 구설이 따르겠으니 어디를 가나 말조심을 해야 한다. 7·8월 여색을 가까이 해 액운이 있으나 입신양명할 수 있겠다.	9·10월 작은 이득은 볼 수 있다. 출행하면 좋고 분수를 지키면 유익하리라. 11·12월 슬하에 경사있을 수이며 재물이 원하는 대로 쌓인다.
213 이 괘는 내열지흉(來悅之凶)이라 해서 반드시 송쟁 구설관액이 따르기 쉬우니 각별한 주의가 필요하다. 그러므로 항상 언동을 삼가고 근신하며 수양한다는 마음가짐만이 이 난국을 타개할 수 있는 유일한 방법이니 명심치 않으면 안된다.	1·2월 천리 먼 땅 타향에 외로운 객이 홀로 서 있구나. 3·4월 구하는 바를 얻지못할 것이니 감언에 속지 말라.	5·6월 무조건 남의 일에는 간섭하지 말아야 한다. 7·8월 이득에 눈이 어두우면 반드시 시비가 따른다.	9·10월 자기의 실력이 나타날 때가 아니므로 묵묵히 침묵을 지키자. 11·12월 어려운 고비는 지나갔으니 앞날이 양양하다.
221 이 괘는 대단한 곤경을 겪게 되어 말할 수 없는 고통이 따르게 되나 참고 견디면 드디어 길하게 된다는 뜻이 있으므로 너무 낙심하지 말고 장래의 희망을 위해서 힘껏 정진하기 바란다. 부부간에도 고정(告情)이 있으나 일시적이다.	1·2월 배를 타고 물결을 거슬러 올라가는 것같이 매사 힘이 든다. 3·4월 분에 넘치는 일은 반드시 큰 손해를 가져온다.	5·6월 우중의 꽃이니 어찌 나비와 벌이 날아오겠는가. 7·8월 재물에 손해수가 있으니 타인의 일에 손대지 말라.	9·10월 큰 일은 도모하지 말라. 위태한 중에 편안할 수. 11·12월 답답한 것이 풀리고 점점 희망이 생겨 찾아들리라.
222 이 괘는 운기가 쇠퇴하여 때를 잃은 형상, 그러므로 내가 앞장을 서지 말고 뒤에서 조절한다는 사고방식을 통할지 모르나 그 외는 절대로 불가하다. 부부간에도 물에 물탄듯하고 연인들 사이는 헤어질 수도 결합할 수도 없는 사이이다.	1·2월 꿈자리가 좋지 않으나 매사에 상쾌함이 적다. 3·4월 매사에 시기를 놓치기 쉽다. 나태하지 말아야 한다.	5·6월 식구가 늘기 쉽거나 아니면 재물이 있으리. 7·8월 말이 성앞에 다다랐으니 양 갈래 길에서 망설이고 있구나.	9·10월 매사가 불리하여 진퇴유곡에 빠졌구나. 11·12월 어려웠던 일이 점점 풀려 빛을 보게 될 것이다.
223 이 괘는 강이과호중(剛而過乎中)이라 해서 반드시 흉사가 일어나기 쉬우매 매사에 결단성 있게 처리하여 사소한 인정에 휘말리더라도 않으면 반드시 좋은 시기가 도래하게 된다는 뜻이 있어 한떨기 꽃이 다시 핀다라고 한 것이다.	1·2월 눈이 아직 덜 녹아 봄풀이 곤하며 달이 구름밖에 나와 있다. 3·4월 동남쪽으로 머리를 돌리지 말라. 매사가 불리하리라.	5·6월 추풍에 꽃이 떨어지니 마음속엔 비애만이 가득하다. 7·8월 하는 일도 없이 공연히 마음만 바쁘겠다.	9·10월 셋 중 하나가 반드시 악하니 근심 생기겠다. 11·12월 상인에게는 반드시 큰 이득이 따르겠다.
231 이 괘는 지재외(志在外)라 해서 좋은 찬스가 왔는데 쓸데없는 곳에 정신을 써서 시간을 허비해 버리는 형상이므로 매사를 그때그때 처리하여 후회없이 해야 한다. 부부나 이성간에는 제삼의 사람이 나타나서 난처한 처지에 놓이게 된다.	1·2월 좋은 사람을 만났으니 망설이지 말라. 관록을 따겠다. 3·4월 망망한 대해에 한조각 배가 육지를 만나 점점 길해지리라.	5·6월 활은 있으나 화살이 없으니 어찌 적을 막을까. 7·8월 귀인이 와서 나를 도우니 점점 길해지리라.	9·10월 매사에 의심은 가나 망설이지 말고 매진하라. 11·12월 재물운이 있어 큰 이익을 보게 될 것이다.
232 이 괘는 반드시 변동이 있게 되는데 이러한 변동을 잘못하여 진퇴가 양난이 되는 뜻이 있다. 그러므로 가능한 한 이동 변동을 삼가고 불가불 이동할 때는 신속한 결단이 필요하게 된다. 이성간에는 이합을 분명히 하고 인정에 구애받지 말아야 한다.	1·2월 실력만 있다고 언제든 인정받는 것은 아니다. 3·4월 상대가 나의 심모를 미리 아니 처방을 바꾸어야겠다.	5·6월 봄에 반드시 기쁜 일이 생기며 남방은 불길하다. 7·8월 당초 당한 화가 오히려 복이 되겠고 관록 아니면 생남할 운세.	9·10월 공연한 일로 시끄러워지고 구설이 따르겠다. 11·12월 매사 기도하는 마음으로 임하면 복이 따르리라.
233 이 괘는 사비종고(捨卑從高)라 해서 모든 좋지 않은 것을 버리고 훌륭함을 쫓으니 가히 구슬을 얻은 격이 되어 조화가 무궁하다는 뜻을 가지고 있다. 그러므로 자신을 과신하거나 자만하지 않으면 무한한 발전을 확신한다는 좋은 운세의 혜택을 받고 있다.	1·2월 쥐가 곡식창고에 들어간 격이니 더 그리울 것이 무어랴. 3·4월 명제가 쉽게 이루어지고 문화가 새로워지겠다.	5·6월 도모하는 일은 기막힐 수 있으나 반드시 해치는 사람이 있겠다. 7·8월 시비를 가까이하면 재물 잃겠고 횡재 아니면 생남하겠다.	9·10월 출행하면 불리하고 시비를 가까이 하면 구설이 두렵다. 11·12월 사람과의 사귐이 많고 스스로 기쁨이 넘친다.

241 이 괘는 어떤 특별한 이유없이 심중에 불안이 있어 집안에는 조금도 앉아 있지를 못하게 된다. 그러므로 오히려 밖으로 나가 활동해야 마음이 한가하고 또한 모든 것이 순조롭게 풀리므로 활동적인 생각이 이득을 가져온다.	1·2월 타인과 일을 도모하면 반드시 송사가 일어나리라. 3·4월 깊은 산에서 길을 잃으니 일이 허황하겠다.	5·6월 구름이 밝은 달을 가리니 자식에게 근심이 있겠다. 7·8월 기쁨 한번, 슬픔 한번 희비가 교차하겠다.	9·10월 구설을 조심하라. 허욕을 부리면 이익이 없다. 11·12월 귀인이 도우니 공사나 큰 이익을 얻겠다.
242 이 괘는 세상사가 아무리 번잡미묘하다 하나 어찌 올바른 정신으로 성심껏 행동하는데 흉할리가 있으리요 하는 사필귀정을 나타내는 형상이다. 그러므로 신념을 갖고 굳게 행동한다면 매사가 스스로 쉽게 풀린다.	1·2월 귀인이 동쪽에서 스스로 오니 만사가 순조롭겠다. 3·4월 내 마음이 간사하지 않으니 어찌 타인이 돕지 않으리	5·6월 초면에 친절한 사람은 믿을 수 없어, 경계를 요한다. 7·8월 자식이나 집안에 일시 걱정이 있기 쉬우니 조심해야 한다.	9·10월 작은 이득은 바라볼 수 있으니 자만심은 금물이다. 11·12월 신상이 위태로우니 망동치 말라. 성성성의만이 처세의 대도다.
243 이 괘는 주역에 혁지구삼(革之九三)을 정복하면 흉하다 하여 일체 타인에게 해를 끼치거나 타인의 물건을 탐내 꼭 손해가 따른다는 뜻이 있다. 그러니까 남의 양식 한 말을 탐하다 내가 먹을 반년치 양식을 잃어버린다는 형식이다.	1·2월 마음은 정직하나 애매한 일이 많이 생긴다. 3·4월 소가 말우물에 가서 물을 마시나 말같은 풍채는 없구나.	5·6월 경거망동하지 말라 믿는 도끼에 발등 찍힌다. 7·8월 강바람이 세차니 거슬러 오르는 배가 힘이 드는구나.	9·10월 마음속 근심을 나 아닌 누가 알아주리요 11·12월 언어만 조심하면 연말에는 아무 근심 없겠다.
251 이 괘는 승리하지 못할 것을 뻔히 알고 가서 오히려 큰 허물이 된다는 상이 있다. 매사를 먼저 알아 차근히 처리하면 아무 탈이 없을 것인데 조급한 마음으로 쓸데없는 일을 행하니 봉래산에서 신선을 만나도 반대로 허망하다고 하는 것이다.	1·2월 일을 하나 여의치 못하고 친한 사람 믿다가 손재가 크다. 3·4월 큰 집을 짓는데 서까래감으로 기둥을 지으려 한다.	5·6월 이사하고 집 고치면 나쁘고 남과 동업하면 해롭다. 7·8월 노력과 비용만 들었지 결국 손해볼 일 한다.	9·10월 친한 사람을 애써서 찾아다녀라. 좋은 일이 있으리라. 11·12월 구름은 꽉 끼었으나 비가 오지 않으니 답답하다.
252 이 괘는 세상의 물정을 모르고 함부로 손을 댔다가 많은 손해를 보나 그대신 많은 인생의 경험을 얻는 뜻이 있다. 또 감동 감류의 뜻이 있어 감정에는 변화가 많고 비애나 비감이 많이 오는 때이다. 그리고 젊은 남녀는 서로 사귀기도 잘하나 유종의 미를 거둘 수 없다.	1·2월 집안의 구조가 재수를 막게 하는 것이 있으니 잘 살피라. 3·4월 금전상에 고통이 다르기 쉬우니 미리 예측하기 바란다.	5·6월 각별히 물조심을 하자. 큰 재난이 있기 쉽다. 7·8월 관재구설이 따르기 쉬우니 몸가짐을 삼가라.	9·10월 적은 재물을 얻을 수 있으니 노력하면 좋다. 11·12월 밖에 나가 크게 이익되는 것이 없으니 몸조심을 하라.
253 이 괘는 글자가 표시하듯이 대단한 곤경중에서 점점 순조로와져 대단한 재미를 볼 수 있다는 뜻을 갖고 있다. 그러나 너무 자만하거나 여색을 가까이 하면 잘병에 걸리거나 많은 손해를 초래한다는 형상이다.	1·2월 북쪽 사람을 가까이 말라. 이득은 적고 손해가 많게 된다. 적은 것이 가고 큰 것이 오니 일신은 편안하고 매수 순조롭다.	5·6월 귀인이 와서 나를 도우니 매사가 순조롭게 된다. 7·8월 집안이 화평하고 서북쪽으로 출행하면 길하다.	9·10월 어두운 밤에 길을 잃고 동분서주하는 격이다. 도둑을 조심하라. 11·12월 초지를 간철하라. 마음이 해이해지면 좋지 않다.
261 이 괘는 대단한 곤경 중에서 많이 번민하게 되나 반드시 소생이 되어 오히려 재수가 대길해지는 좋은 운세이다. 그러므로 설사 어려운 처지에 놓여있다 하더라도 옛날 춘추시대의 소진이나 장의같은 기개를 가지면 반드시 좋은 운이 전개된다.	1·2월 고기가 용문에 오르니 반드시 좋은 일이 생기리라. 3·4월 음양이 서로 화합하니 만물이 생성되리라.	5·6월 봄밭에 단비가 오니 어찌 곡식이 무럭무럭 자라지 않겠나. 7·8월 귀인이 스스로 와서 도우니 어려운 일이 풀려 나가겠다.	9·10월 돌을 깨어 옥을 구하니 반드시 이득이 있으리라. 11·12월 부모의 병환이나 상을 당하기 쉬우니 조심하라.
262 이 괘는 나를 돕는 사람이라고는 하나도 없고 고군분투하게 되나 그러는 중에 우연히 귀인이 나타나 의외로 좋은 일을 볼 수 있는 길한 괘다. 그러므로 고진감래나 계속 참는 것이 중요하다. 부부간도 처음은 다정하지 않으나 나중에는 다정해진다.	1·2월 가는 길이 편안치 않으니 매사가 허망 무실하다. 3·4월 곤경이 한두가지가 아니니 대단한 마음의 고통이 있겠다.	5·6월 꽃은 보이지 않는 곳에서 피니 비단옷을 입고 밤길을 걷는 격. 7·8월 추운 골짜기에 봄이 찾아온 격이니 고목이 스스로 꽃을 피운다.	9·10월 다른 일에 손대지 말라. 반드시 손해가 있으리라. 11·12월 밖에 나가 하는 일이 집안에 있는 것만 못하리라.
263 이 괘는 글자 그대로 곤하다든가 큰 과실이라는 뜻이 있어 반드시 어려운 고비를 일차 넘기고도 한번은 후회할 일이 있을 상이다. 그러나 후회는 반드시 좋아져서 재수는 물론 지위 재산까지도 안전하게 된다는 길한 괘이다.	1·2월 아무리 해도 공로가 나타나지 않는다. 다음을 위해 쉬자. 3·4월 서남쪽에는 반드시 해로운 일이 있겠으니 출행치 말라.	5·6월 귀인을 만나게 되며 반드시 좋은 일이 있겠다. 7·8월 날고자 하나 날지도 못하니 때를 기다려라.	9·10월 적은 근심이 있겠으나 점차 반드시 풀리겠다. 11·12월 반드시 재수가 있고 매사에 기쁨이 있으리라.

311 이 괘는 뜻은 크고 욕심은 많으나 운수는 그와 반대로 틀어져 하나도 뜻과 같이 되어 가는 것이 없으리라고 본다. 그리고 다 된 밥솥을 엎는 격이 나오니 만사를 조심껏 처리하고 경거망동을 삼가면 가히 면하리라.	1·2월 한이 있어 자탄하니 내마음 알아주는 이가 없다. 3·4월 타향이나 출장을 가지 말라. 반드시 구설이 있으리라.	5·6월 고기가 물을 잃었으니 처음과 끝이 다같이 불리하다. 7·8월 금년중에는 이 두달이 제일 길할 것이다.	9·10월 만약 손재가 아니면 집안 식구에 근심이 있으리라. 11·12월 작은 것을 가지고 큰것을 만드니 재수가 형통하리라.
312 이 괘는 좋은 운수이다. 젊은 남녀는 결혼하게되고 젊은 부부는 득남하며 짝이 없던 사람은 배우자를 만나게 된다. 관인은 승진하여 기쁨이 있고 외국을 가고자 하는 사람은 반드시 갈 수 있으며 만사에 막힘이 적을 것이다.	1·2월 귀한 별이 문앞을 비치니 집안에 경사가 있겠다. 3·4월 시종이 여일하니 반드시 하는 일이 잘되겠다.	5·6월 행운이 돌아오고 복록이 자신의 것이 되겠다. 7·8월 매사가 길하니 재물이 들어오고 귀인이 도우니 이롭기 그지없다.	9·10월 깊은 산에서 길을 잃었으나 다행히 무사하리라. 11·12월 멀리 가지만 않으면 만사에 길함과 경사가 있으리라.
313 이 괘는 여태까지막힘이 없었거나 번성하던 일이라도 반드시 틀려 돌아가고 의외의 사고가 빈발하며 얽혀 마음이 창망하겠다. 그러므로 만사를 백번 생각해서 행동하고 감언이설에 속아 넘어가지 않는 것만이 구제의 방편이다.	1·2월 고요하면 나쁘고 움직여야 좋다. 질병이 침범할 괘가 있다. 3·4월 뜬구름이 해를 덮고 있구나. 집안을 지키는 것이 제일 안전하다.	5·6월 의외로 재수가 좋으리라. 그러나 방종하는 것은 일러. 7·8월 산세가 날개를 다쳤으니 날려고 해도 안되는 현상.	9·10월 도둑맞거나 무언가 잃어버리기 십상. 많은 염려가 있으리라. 11·12월 멀리 가지만 않으면 만사에 길함과 경사가 있으리라.
321 이 괘는 이 세상에서 아직 실격이 나타날 때가 아니라는 것을 알려주는 괘상이다. 그러므로 자기가 자기를 살려 후임을 위하여서 더욱 더 실력을 쌓이둠이 현명한 방법이며 결혼은 될 수 있는 한 하지 않는 것이 좋을 것이다.	1·2월 경영하는 일은 될듯 하다가 안된다. 3·4월 남의 시비에 참여하지 말라. 책임이 돌아오리라.	5·6월 매사에 반복되니 갈피를 잡지 못한다. 굳게 마음먹을것. 7·8월 길을 가고자 하나 길이 험하니 어찌 힘이 들지 않으리.	9·10월 생소한 사람과 친하게 사귀지 말라. 반드시 손해본다. 11·12월 우연히 만난 사람으로 인해서 크게 좋은 일이 있으리라.
322 무조건 노력하라는 말이다. 그리고 부단한 노력을 하는 동시에 끈질거리는 뜻이 있으므로 조령모개는 지양함이 물론 가당할 것이다. 입씨름이란 뜻도 있으므로 입다툼(특히 부부)이 있기 쉬우니 주의해야 한다.	1·2월 음양이 화합하니 반드시 경가가 있으리라. 3·4월 바른 마음을 가지고 일을 꾸미면 앞날이 반드시 형통한다.	5·6월 재물이 동북쪽에 왕성해서 재수 있겠다. 7·8월 구설을 조심하라. 아니면 말다툼을 삼가야 매사에 길하리라.	9·10월 작은 것이 가고 큰 것이 오니 하는 일에 성과가 양양하다. 11·12월 만약 이름이 나지 않으면 집안에 기쁨이 꽉 차겠다.
323 어그러진다. 크다는 뜻이 겹치므로 실패를 하더라도 크게 한다. 그리고 덤벙대는 뜻도 포함되어 있으므로 실패의 원인은 찬찬하지 못하여 계획이 정밀치 못한 데에 주원인이 있을 것이다.	1·2월 호랑이가 나아가다 힘이 빠진격. 부동산에 구설 있겠다. 3·4월 군자에겐 길하나 소인에게는 불리한 시절.	5·6월 신수가 불리하니 횡액을 가히 조심하라. 7·8월 가문 하늘에 단비가 내리니 백곡이 풍성하다.	9·10월 서북쪽에 유리함이 있는데 그것은 반드시 여자때문. 11·12월 가만히 있은 즉 길하고 움직인 즉 불리하다.
331 이 괘는 빛난다. 멀리간다. 유행한다는 뜻이 있으므로 유행을 따르는 사업이나 전업, 양장역 등에 큰 이득이 따르겠다는 길한 괘상이며 여성은 그 아름다움이 최고도에 달할 때이므로 마음 속의 아른다움을 기르도록하라.	1·2월 고국에 봄이 돌아오니 만물이 소생하는구나. 3·4월 근심은 없어지고 기쁨이 생기니 신수가 태평하다.	5·6월 경영하는 일이 다른 사람으로 인해 성사되겠다. 7·8월 밝은 달이 창가를 비치니 귀인과 친할 수 있다.	9·10월 적게 쌓아 크게 이루니 만사가 형통하리라. 11·12월 소망한 일은 이루나 물가에 가지말라. 횡액이 두렵다.
332 노인이 이 괘를 얻으면 반드시 세상을 떠나게 된다. 그러므로 젊은 사람이 이 괘를 얻으면 집을 짓거나 매사를 크게 건설하나 마음과 뜻대로 되지 않는다. 그리고 부모가 있는 사람은 초상을 당하기 쉬우니 마음의 준비가 있어야 하겠다.	1·2월 호랑이도 늙으니 역시 힘을 쓰지 못하는구나. 3·4월 심신이 불안하니 만사에 의욕이 없도다.	5·6월 문서상이나 논밭, 주택에 이득이 있겠다. 7·8월 만사에 해결을 보지 못했으니 머리는 있으나 꼬리가 없도다.	9·10월 만약 부모에게 근심 없으면 자식에게 근심 있으리라. 11·12월 마음을 바로 쓰면 매사가 점점 길해지리라.
333 실력이 있는 자라면 반드시 빛을 볼 수 있는 대길한 괘이다. 학생은 합격하고 관인은 높은 벼슬에 오르며 상인은 크나큰 이득을 본다. 그러나 여성은 이별의 뜻이 있으므로 언동과 범사에 윤리를 저버리는 행동을 해서는 크게 흉한다.	1·2월 샘을 파서 물이 나오니 기쁨이 넘친다. 3·4월 용이 대해를 만났으니 조화가 무궁하리라.	5·6월 과갑(科甲)이 아니더라도 반드시 재수가 대통하리라. 7·8월 단비가 때를 맞춰 내리니 풍년을 약속한 격이다.	9·10월 심신이 편안하니 매사에 무엇을 겁내리오. 11·12월 창파에 낚싯대를 던졌더니 큰 물고기가 물리는구나.

341 압력이 대단한 괘이다. 그러므로 사해 같은 넓은 아량을 가지고 무조건 이해하는 방법이 최고, 하고자 하는 일은 갈수록 난관에 봉착하고 모든 사람은 나를 배반하고 돌아서기 쉬우니 그 원인을 규명하여 화목함에 힘써야겠다.	1·2월 깊은 산 외로운 노송엔 산새 마저 찾아들지 않는구나. 3·4월 북쪽으로 가지말라. 손해가 적지 않으리라.	5·6월 사소한 일로 다투지 말라. 싸움이 커지기 쉽다. 7·8월 달밝은 청산에 두견새가 슬피우는 형상.	9·10월 노력함을 아끼지 말라. 처음엔 곤하나 큰 성과가 있으리. 11·12월 구름이 흩어지고 달이 솟으니 기쁜 일이 있겠다.
342 이 괘는 젊어 고생을 사도 한다는 뜻을 가지고 있는 괘로서 노력만 하면 반드시 어떤 일이든지 성사가 되며 성과 또한 대단하다는 좋은 괘이다. 남녀관계는 좀 복잡미묘한 점이 보이지만 결국은 성립되어 좋은 연분을 맺을 수 있는 운세이다.	1·2월 가는 곳마다 길함이 있으니 기회를 놓치지 말라. 3·4월 집안에 경사가 있으니 혼인을 할 일 있겠다.	5·6월 인사를 받을 수가 있는데 늙은분이 있는 집은 복받을 수. 7·8월 서쪽에서 귀인이 와서 우연히 나를 돕는다.	9·10월 타인과 더불어 모사하는 것은 반대로 실패가 오겠다. 11·12월 심신이 태평하고 만사가 순조롭게 이루어지겠다.
343 굉장히 바쁜 괘상이다. 몸을 열로 쪼개도 손이 모자라는 형편이나 만사는 마음과 뜻대로 되지 않으니 마음만 초조해 진다. 혼인말은 여기저기 많이 나오나 말하는 데마다 깨지고 노총각이나 노처녀가 몸이 바짝 달 때이다.	1·2월 봉황새가 닭무리에 섞이니 그덕이 허무하구나. 3·4월 천리 타향에서 보이는 사람은 전부 낯이 설구나.	5·6월 공부나 수도하는 사람은 길하나 평인은 불길한 운수 섞여 있어. 7·8월 매사에 마가 많이 끼니 먼길 출행은 삼가하라.	9·10월 근심과 기쁨이 반반이니 반은 길하고 반은 어렵다. 11·12월 어려운 중에서 점점 호조의 기미가 엿보인다.
351 이 괘는 삼자 트리오 즉 태양이 높이 빛난다. 죄상이 드러난다. 허물이 보인다는 뜻이 있으며 성운의 혜택을 입어 자만한 나머지 큰 실패를 초래하게 되는 괘상이다. 여성은 이러하므로 혹시 창피를 당할 우려가 있으니 몸가짐을 조심할것	1·2월 비바람이 불순하니 오곡이 어찌 풍년들기를 바라리요. 3·4월 늙은 용이 무력하니 하늘까지 오르지 못하겠다.	5·6월 횡재수가 있으나 구설이 따르니 조심하라. 7·8월 만약 이사가 아니면 개업이라도 할 수 있는 변화의 운세.	9·10월 길성이 문전에 비치니 길한 일이 있을 징조이다. 11·12월 옛 것이 가고 새로운 것이 오니 사방에 봄빛이 어린 것 같다.
352 남자는 벼슬을 할수있고 여자는 생남할 수 있는 좋은 운세이다. 사업가는 사업을 크게 일을 수 있고 무작자는 좋은 작업을 갈질 수 있으며 젊은 여인들은 소망이 이루어져 좋은 배필이 되어 희망찬 앞날을 설계할 수 있는 대길한 운세이다.	1·2월 사방에 이름이 높이 나니 모든 사람이 우러러본다. 3·4월 재수가 다른 곳에 있으니 출행하면 재물을 얻을 수 있겠다.	5·6월 백가지 일이 다 길하니 근심할 일이 무엇인가. 7·8월 하고자 했던 일을 기대 이상으로 이루게 된다.	9·10월 소원은 성취하고 집안에 경사가 있겠다. 11·12월 용이 여의주를 얻은 형상이니 그 조화가 말할 수 없이 오묘하다.
353 미제(未濟)란 미내(未乃)하다는 뜻이 있고 아직은 실력이 모자란다는 뜻이 함축되어 있으나 무한히 발전한다는 뜻도 있으므로 노력만 한다면 이루지 못할 것이 없는 좋은 괘상이다. 현재는 자기의 위치가 미미하지만 반드시 방대한 세력을 형성할 수 있다.	1·2월 나쁜 것이 변하여 길로 화하니 심신이 태평하다. 3·4월 시비에 참여하지 말라. 반드시 구설이 뒤따른다.	5·6월 친한 사람이 오히려 해를 끼치게 되는 일 있으니 삼가해라. 7·8월 출입함에 이득이 있으니 마음대로 움직이면 좋으리라.	9·10월 올바른 마음으로 덕을 쌓으라. 그러면 그 가운데 이득이 있으리라. 11·12월 횡재수가 있으니 호기를 놓치지 말라.
361 어그러진다, 분방하다, 사물을 옳게 보지 못한다는 뜻을 가지고 있는 괘이다. 그러므로 자기 스스로의 생각이 아무리 옳다는 생각이 들더라도 다시 한번 생각하여 틀린 곳이 없기를 되살피는 것만이 실패를 막는 방법이다.	1·2월 비록 노력과 정열을 쏟더라도 성공은 가망없다. 3·4월 아랫사람의 부주의로 인해서 큰 손해가 있으니 조심하라.	5·6월 실물(失物)수가 있으니 더욱을 조심하고 매사에 조심하라. 7·8월 절대로 망동하지 말라. 움직이면 크게 흉한다.	9·10월 급한즉 손해보고 더디게 한즉 이득을 본다. 11·12월 마음의 정할 바를 모르니 좌표를 뚜렷이 세워라.
362 이 괘는 미내(未乃)한 것이 충족되어 만사에 그리움이 없으며 또한 막히는 것이 없이 마음과 뜻대로 되는 대길한 괘상이다. 그러므로 허욕만 부리지 않고 바른 마음가짐으로 매사에 임한다면 모든 사람들이 임의로 도와 줄것이다.	1·2월 길한 별이 나의 문을 비치니 가정에 경사가 있겠다. 3·4월 봄은 깊고 나무는 무성하니 백가지 꽃이 다투어 핀다.	5·6월 목마른 용이 물을 얻은 격이니 조화가 무궁하다. 7·8월 집안에 있으면 불리하고 외방으로 나가면 이롭겠다.	9·10월 우연히 만난 사람이 큰 도움이 되겠다. 11·12월 기운이 왕성하니 반드시 경사가 있을 징조가 나타난다.
363 이 괘는 신하가 임금을 만나 높은 작위를 받는다는 대단히 좋은 괘이다. 그리고 어둠을 등지고 밝은 곳으로 나오게 된다는 뜻이 있으므로 모든 나쁜 것이 스스로 사라지고 보람을 찾아 행복하게 살 수 있는 좋은 괘상이다.	1·2월 초목이 봄을 만나니 꽃과 잎이 다같이 무성하다. 3·4월 심신이 화평하고 덕망이 높아가나 타인으로 인한 재난도 있으리라.	5·6월 사방사람이 와서 하는 말을 절대로 듣지말라. 손해를 본다. 7·8월 집안사람과 뜻이 맞으니 뜻하는 바가 잘 이루어지겠다.	9·10월 귀한 사람이 와서 도우니 얼굴에는 기쁜 빛이 가득하다. 11·12월 내외가 화목하면 집안 전체에 기쁜 일이 찾아온다.

411 이 괘는 초목이 햇빛을 보지 못하여 아무리 자라려고 해도 자라지 못하는 격으로 아무리 노심초사를 하더라도 매사에 성공의 매듭을 맺지 못하게 된다. 그러므로 세찬 물결을 헤엄치면 안되듯이 가만히 분수를 지킴이 제일이다.	1·2월 멀리 있는 것을 구하려다 가까이 있는 것을 잃게 되는 운세. 3·4월 일신이 곤고하니 마음은 조급하고 번민만 느는구나.	5·6월 매사에 두서 없으니 어찌 매듭이 있으리. 7·8월 물가를 가까이 하면 반드시 재난을 당할 운수이다.	9·10월 여자를 가까이 하면 매사에 실패가 있으리라. 11·12월 좋은 새는 나무를 가리고 현명한 사람은 벗을 가린다.
412 이 괘는 넓은 들에 오곡이 풍성하여 풍년을 반드시 기약하는 좋은 괘이다. 또 풍요란 넉넉하다. 배가 부르다는 뜻이 있고, 임신부라는 뜻도 있으므로 생남하는 기쁨이 있거나 식구가 불어나는 일이 있겠으며 매사에 재수가 대통하겠다.	1·2월 집안에 환희가 넘치니 안되는 일이 없겠다. 3·4월 재성(財星)이 몸을 따르니 소망하는 바라 반드시 이루어지리라.	5·6월 본심만 정직하면 도와주지 않을 사람이 없으리라. 7·8월 소나무를 심어 큰 숲을 이루니 모든 새가 와서 기쁘게 우짖는다.	9·10월 먼길을 가면 불리하니 될 수 있으면 삼가하라. 11·12월 일신이 편안하니 무엇을 근심하며 걱정하리오.
413 이 괘는 남성다운 대단한 기개와 아주 여성다운 얌전함이 겹친 괘상이다. 그러므로 강할때는 강하게 인정을 베풀 때는 다정하게 처세를 하라는 뜻이 있다. 또 젊은 여자가 늙은 남자에게 시집간다는 뜻도 있으므로 결혼의 암시도 있는 괘상이다.	1·2월 사방으로 출입하더라도 재수가 있겠다. 3·4월 일가붙이가 모두 화평하니 뜻하는 바가 이루어진다.	5·6월 동산의 봄 매화가 하루아침에 만발할 운수. 7·8월 멀리 먼곳 땅에서 그리운 임의 반가운 소식이 왔도다.	9·10월 길한 가운데 흉조가 겹쳐 있으니 자만하지 말고 삼가해서 일하라. 11·12월 밖은 노적가리가 쌓여 있고 안으로는 영화가 있도다.
421 이 괘는 여우가 진흙밭을 지나가는 격으로 많은 고초와 황액이 따라오니 많은 주위를 바란다. 그래서 어떤 일이고 나가면 나갈수록 더욱 어려운 고비만 닥쳐 진퇴가 양난이 되어버리니 수양한다는 마음가짐으로 안분함이 제일이다.	1·2월 산길을 가던 행인이 어찌 이다지 험한 길을 만났는가. 3·4월 호랑이가 함정에 빠졌으니 뜻은 있으나 계책이 없구나.	5·6월 가정은 화평치 못하고 범사에 되는 일이 없겠다. 7·8월 질병과 고통이 그치질 않으니 근심이 아주 많구나.	9·10월 관재 구설이 있으니 집안이 다같이 불안하도다. 11·12월 일년을 지낸 것이 무엇이었던가. 허송세월이었구나.
422 해가 구름 속으로 들어가 그 빛을 잃어버린격으로 만사에 보이지 않는 해가 있는 좋지 않은 괘상이다. 그러므로 남 모르는 덕을 쌓고 바른마음으로 착한 일만 한다면 절대로 나쁜 일이 생기지 않을 뿐더러 오히려 좋아진다는 운세이다.	1·2월 구름 만리밖에 혈혈단신이니 어찌 어렵지 않겠는가. 3·4월 집안에 질병이 있으니 심신이 불안하겠다.	5·6월 인정에 구애받지 말라. 오히려 해를 끼친다. 7·8월 사고무친하니 어느곳에 내일을 상의하겠는가.	9·10월 운세가 좋지 않으니 망동하지 말고 자숙하는 것이 좋다. 11·12월 음양이 불합할 때니 내외 간에 다툼을 조심하라.
423 이 괘는 여자는 남자같이 남자는 더욱 남자답게 화이팅 스피드를 발휘하라는 것을 암시한다. 사업가는 사업이 잘 되고 상인은 재수가 있으며 젊은 남녀는 연애의 대상이 속출한다. 그러나 달도 차면 기우나니 나중을 생각해 신중을 기할 것	1·2월 상하가 화목하니 한 가정이 어찌 화평치 않겠는가. 3·4월 만약에 횡재를 하지 않으면 애인이 생기리라.	5·6월 구름이 흩어지고 달이 나오니 천지가 다같이 명랑하다. 7·8월 꾀하는 바를 빨리 도모하라. 늦어지면 허사가 되리라.	9·10월 하늘에서 복을 내리니 모든 일이 다 이루어지겠다. 11·12월 타인과 화목히 하라. 그러면 구하는 바가 여의하리라.
431 당신은 반드시 과실을 저지르기 쉽다. 그러므로 말과 행동에 각별한 주의를 요한다. 아니면 그로 인해서 막대한 손해가 사가 일어나기 쉬우니 소홀히 생각지 말라. 그리고 만사에 막힘이 많은 것은 운명이나 초조하지 않음이 상책이다.	1·2월 가정에 근심이 있으니 상복을 입기 쉽다. 3·4월 남쪽의 친한 사람으로 인해서 우연히 시비가 생기겠다.	5·6월 먼저는 좋지 않으니 나중에는 반드시 좋으리라. 7·8월 달이 구름속으로 들어가니 동서를 분간키 어렵구나.	9·10월 화환(禍患)이 지나가고 복이오니 마음과 마음이 편하다. 11·12월 역마살이 몸에 와서 닿으니 원행하거나 분주하겠다.
432 옛말에 용마가 나면 장군이 생긴다는 말이 있는데 이 괘가 바로 그러한 케이스에 속한다. 그러므로 여태까지 노력을 하던 사람은 그 공이 혁혁하게 빛나게 되는 좋은 괘상이다. 특히 학자들에게 더욱 길하다.	1·2월 물고기가 용으로 변하니 의기가 양양하도다. 3·4월 다같이 풍성하니 만사람이 스스로 즐기는구나.	5·6월 날랜 호랑이에 날개가 돋쳤으니 무엇을 겁내리오. 7·8월 귀인을 만나 그가 나를 도우니 생활이 태평하다.	9·10월 재수가 있어 뜻대로 되나 구설이 따르겠다. 11·12월 가인이 한마음을 먹으니 이익이 그중에 있다.
433 이 괘는 음모, 음사, 음흉의 뜻이 있다. 그러므로 반드시 정직한 마음씨로 매사를 처리해야만이 흉함이 닥치지 않는다는 훈계가 들어 있다. 그것은 마치 어떤 일이 사람을 놀라게 하나 지나버리면 무사하듯이 아무런 손해가 일어나지 않는다.	1·2월 가는 곳마다 패함이 있으니 움직인즉 불리하다. 3·4월 타인과 더불어 다투지 말고 타인에게 베풀지도 말라.	5·6월 모든 일에 이득이 없으니 구해도 얻지 못한다. 7·8월 만약 질병이 친범하지 않으면 구설이나 서로 다툼이 있겠다.	9·10월 가을에 꽃이 피니 어찌 열매를 바라겠는가. 11·12월 험한 산길을 벗어나니 탄탄대로가 눈앞에 놓였구나.

441 머지않아 봄천둥이 올리니 조급히 굴지말라, 운세의 막힘을 걱정하지 말라는 뜻이 있다. 봄풍이 얼음을 뚫고 나오는 고통, 그것은 만물이 초생에 겪는 팔면의 생리이다. 그러므로 이 고비만 넘기면 무한한 발전이 있을 것이다.	1·2월 산으로 들어가 고기를 구하니 매사가 허황하다. 3·4월 뜻은 있으나 이루지 못하니 구하는 일은 모두가 허사이다.	5·6월 만리창공에 달빛이 교교한데 어찌 별안간 구름이 가리나. 7·8월 매사에 두서가 없으니 어찌 일에 매듭이 있으리오.	9·10월 호랑이를 그리다가 안되고 반대로 고양이가 됐구나. 11·12월 길운이 이미 돌아왔으니 힘껏 밀고 나가야 한다.
442 귀매란 돌아간다. 또는 남자가 궁하다는 뜻이 있다. 그러므로 노인이 이 괘를 얻으면 수명이 위험하고 여자특히 처녀가 이 괘를 얻으면 시집을 가는 운세가 있다. 그러나 사업가에서는 극히 좋지 않아 지금의 회전이 무절된다.	1·2월 신수가 곤궁하니 나간들 무슨 소용이 있겠는가. 3·4월 걱정하는 마음이 그치지를 않으니 밤에 잠을 못 이룬다.	5·6월 흉을 피하러 동쪽으로 갔더니 마음의 근심이 더한다. 7·8월 입을 꼭 다물고 있으라. 그러면 평안하리라.	9·10월 동산에 해가 솟으니 만방이 다 빛이 나는구나. 11·12월 호랑이 꼬리를 밟은 격이니 위험이 숨어 있다.
443 봄천둥이 울어 만물이 무럭무럭 자라 가을이 되어 황금물결이 춤을 추는 현상이 그대로 나타난 괘이다. 그러므로 홀아비는 장가가고 노처녀는 시집가고 군자는 벼슬하고 사업가는 크게 이익을 얻으며 사랑하는 사람끼리는 희망찬 앞날을 설계하게 된다.	1·2월 분수를 지켜 편안히 있으면 하늘에서 복을 내린다. 3·4월 의외로 공명을 얻으니 그 이름이 사방에 떨치게 된다.	5·6월 내외가 불화하면 범사에 막힘이 오리니 조심하라. 7·8월 나가고 물러감에 길이 있으니 반드시 성공하리라.	9·10월 동산에 해가 솟으니 만방이 다 빛이 나는구나. 11·12월 귀인이 스스로 와서 도우니 소망이 성취된다.
451 대장大將이란 원래 기세좋게 나간다, 번성하다, 흥청댄다, 튼튼하다라는 뜻이 있는데 이괘는 달리던 자동차가 바퀴가 빠져 나간 흉한뜻이 있으므로 현재의 성운에 자만하지 말고 또한 안전사고에 주의를 해야한다는 뜻이 있다.	1·2월 뜻이 높고 마음이 크면 반드시 성공하겠다. 3·4월 매사가 다 허황하니 절대로 망동하지 말라.	5·6월 말을 잘하면 재수가 있으나 구설을 조심하라. 7·8월 날은 저물고 날씨가 추우니 나는 기러기 어디로 갈꼬.	9·10월 천리타향에 혈혈단신으로 낯익은 얼굴이 그립구나. 11·12월 곤궁한 중에 귀인이 도우니 백가지 일이 다 순조롭다.
452 과실을 저질렀다고 생각하는 것이 오히려 크나 큰 성과를 이루게 되는 이상한 운세이다. 또 군자가 그 덕을 변치 않으면 반드시 귀인이 도우리라 하는 괘도 있으므로 항심을 가져야 한다. 그러면 재산이 따르는 좋은 운수이다.	1·2월 바람은 맑고 달은 밝은데 높은 누각에 한가히 누웠구나. 3·4월 동쪽 동산에 매화가 때를 만나서 만발했구나.	5·6월 헛된 것이 실제로 변하니 생각지 않던 재물이 생기겠다. 7·8월 인구가 불어날 수이니 생남의 기쁨이 오겠다.	9·10월 실물 수가 있다. 무조건 조심해야지 그렇지 않으면 망한다. 11·12월 용이 천문에 당도하니 황조가 스스로 오누나.
453 태양은 중천에 떠서 만방에 다같이 맑고 집안에 금욕이 꽉차있으니 무엇을 근심할 것인가. 만사람이 다 우러러보는 대길할 괘상이다. 또 해解란 해결된다, 풀린다, 여유움이 없어진다는 뜻이 있으므로 무슨일이든 다시 한번 시도하면 성하게 된다.	1·2월 운이 열려 자신만이 아는 비밀스런 기쁨을 갖게 된다. 3·4월 가는 곳마다 이익이 있어 풍족하고 기쁘다.	5·6월 집안에 길한 경사가 있어 큰 기쁨이 생긴다. 7·8월 수성(水性)을 가까이 말라. 큰 실패가 오리라.	9·10월 여러가지 일에 결실을 맺게 되고 행하던 일들이 좋게 마무리된다. 11·12월 분수에 맞게 행동하는 것이 복을 부르는 일이다.
461 해解에 귀매歸妹가 붙어서 응결된다. 풀리던 것이 동결된다는 좋지 않은 형상이 되겠다. 그러므로 흉을 피하려 오히려 더욱 흉함이 생긴다는 나쁜 뜻이 있으므로 많은 주의를 요하는데 이럴 때는 덕을 쌓고 태산같이 움직이지 않는 것이 상책이다.	1·2월 비록 재물을 얻었다 하더라도 열사람이 나누어 갖는 격. 3·4월 햇빛이 어찌 맑지 않겠는가. 그것은 구름이 햇빛을 놀림이다.	5·6월 사람의 말을 일체 듣지 말라. 그일은 허망하게 되리라. 7·8월 문서에 관한 일로 시비나 구설이 있기 쉽다.	9·10월 처나 자식에게 질병이 있기 쉬우니 단속을 철저히 하라. 11·12월 출행하면 해로우니 움직이지 않는 것이 현명하다.
462 모든 실력을 갖추고 양양한 대해를 향해서 물에 있던 배가 출범함과 같이 희망찬 새해에 첫발을 디딜 때이다. 사내 대장부가 큰 뜻을 얻으니 여섯 미밀에 채찍을 가하여 먼길을 떠나게 되는 것이며 모든 일이 막힘이 없이 순조로이 성사 될 것이다.	1·2월 근심이 흩어지고 기쁨이 생기니 편안히 넘기리라. 3·4월 고기와 용이 큰 물을 얻으니 그 즐거움이 도도하도다.	5·6월 남아가 뜻을 얻으니 소망이 뜻대로 이루어진다. 7·8월 군자는 크게 이득 있으나 소인에겐 불리하다.	9·10월 집밖에 이익이 있으니 멀리 떠나면 좋겠다. 11·12월 우물안의 고기가 바다로 나가는 격이니 앞날이 양양하다.
463 이 괘는 동남풍이 비를 몰고 오곡백과를 살찌게하는 좋은 뜻을 가지고 있다. 그러므로 관리는 승진하고 학하는 소망이 이루어지며 상인은 크게 이득을 볼 수 있는 대길한 괘상이다. 또 연인끼리 반드시 희망찬 앞날을 약속할 수 있는 좋은 배필이 된다.	1·2월 밝은 달이 동창에 비치는데 가인이 구슬을 갖고 노누나. 3·4월 동산의 복숭아나무에 꽃이 떨어짐은 열매를 맺기 위함이다.	5·6월 친한 사람이 남보다 못하니 내게 해를 끼친다. 7·8월 단비가 보슬보슬 내리는 격이니 백곡이 풍성하다.	9·10월 매사에 때가 있는 법이니 너무 서둘지 말라. 11·12월 몸과 마음이 화평하니 집안에 기쁨이 충만하다.

511 이 괘는 남녀의 상쟁을 뜻하는 괘상이다. 그러므로 정당한 일이라고 판단하기 어려운 괘이며 또한 흉하다는 뜻이 있으므로 부지런히 자기할 바만 하고 타인과 다투거나 쓸데없는 일에 간섭만 하지 않으면 자연히 복이 돌아오게 된다.	1·2월 가정에 질병이 있기 쉽고 하는 일마다 패한다. 3·4월 뜻이 높고 덕이 중하면 반드시 복록이 스스로 온다.	5·6월 만약에 손재가 아니면 슬하에 근심이 있겠다. 7·8월 노력을 아무리 해도 그 대가가 나타나지 않는다.	9·10월 신운이 불리하니 거리에서 차조심을 해야한다. 11·12월 이득이 돌아오나 집안에 가만히 있어야 복이 더한다.
512 가인이란 글자 그대로 집사람이란 뜻을 가지고 있다. 남자라면 여자같은 사람, 아니면 운세의 침체 때문에 성격이 소심해진 상태를 말한다. 그러므로 험한 세파에서 견디지를 못하여 하는 일마다 여의치 않다는 뜻이다.	1·2월 시운이 불리하니 나를 해치는 자가 대단히 많다. 3·4월 소복을 입게 되거나 자식에게 근심되는 일 생기겠다.	5·6월 길가던 사람이 길을 잃었으니 진퇴가 양난이로다. 7·8월 마음만 컸지 이루어지는 일이 없으니 자기를 지킴이 상책이다.	9·10월 매사가 경각에 달렸으니 급하게 처리해야만 된다. 11·12월 처음엔 잃고 나중에 얻으니 선곤후길하리라.
513 중부(中孚)란 진실하다는 뜻을 가지고 있다. 부란 손톱(爪)과 아들(子)이란 두글자가 결합된 글자로 어미새가 발톱 사이로 알을 품고 있는 형상이다. 이것은 누가 시켜서 하는것도 아니고 다만 자연의 섭리대로 진실한 하나의 상태를 나타낸 모양인 것이다.	1·2월 진실성은 곧 당신에게 행운을 선사하는 열쇠가 된다. 3·4월 가는 곳마다 재수가 있으니 멀리 나가도 좋다.	5·6월 일신이 스스로 편하니 집안에 환한 기운이 꽉 찬다. 7·8월 경영하는 일의 내용을 절대로 밖에 발표하지 말라.	9·10월 태성(胎星)이 문안에 드니 잉태할 수가 있다. 11·12월 재물운이 따르니 작은 투자에도 큰 이익을 보겠다.
521 앞장에서 말했듯이 중부(中孚)란 새가 알을 발톱에 잡고 있는 상인데 환이란 풀린다는 뜻이 있어 알을 떨어뜨리는 상이므로 대단히 불길한 괘이다. 고로 잘해보려고 마음먹었던 일은 의외로 틀어지고 관재 구설이 겹치기 쉬우나 형사에 관한 관리는 무관하다.	1·2월 매사가 뜻과 같이 않으니 공연히 마음만 허비했도다. 3·4월 구름과 비가 하늘에 꽉찼으니 일월을 보지 못한다.	5·6월 서쪽에서 온 사람이 반드시 재물을 축내리라. 7·8월 재앙이 가고 봄이 돌아오니 천신이 기(氣)를 돕는다.	9·10월 하고자 하는 일을 했지만 돌아올 이득이 없다. 11·12월 성공과 실패가 반복되어 나타난다.
522 중부(中孚)가 이롭게 되니 이것은 새가 알을 까서 새끼를 얻은 기쁨이 되는 형상을 나타내는 괘상이다. 그러므로 생남을 하든가 인구가 불어나는 운세이며 또는 젊은 남녀는 불륜의 씨앗을 남기기 쉬우나 그 외에는 나쁜 것이 하나도 없다.	1·2월 일마다 형통하니 의기가 양양하며 기쁨이 넘친다. 3·4월 집안에 길한 일과 경사가 있으니 재수가 크게 있으리라.	5·6월 가문 날씨에 비가 오니 오곡이 풍성하다. 7·8월 사람과 더불어 일을 꾸미면 반드시 이익 있으리라.	9·10월 이지러졌던 달이 다시 둥글게 되니 반드시 기쁜 일이 있다. 11·12월 쥐가 곡식청고에 들어 갔으니 그리운 것 무어랴.
523 소축(小畜)이란 구름만 잔뜩 끼었지 비는 한방울도 내리지 않는 답답한 상을 나타낸 괘이다. 그리고 침체되었던 감정이 폭발된다는 뜻이 되어 남과 다투기 쉬우니 언쟁을 조심하고 화합하는 마음을 갖는 것만이 나쁜 운을 해소하는 길이다.	1·2월 석양에 돌아가는 객이 가는 발걸음마다 기쁘기만 하다. 3·4월 시비에 참여하지 말라. 구설이 크게 있으리라.	5·6월 한 물건을 가지고 서로 다투니 다같이 손해다. 7·8월 주색을 가까이 말아야 실패가 없을 줄 알라.	9·10월 하늘에서 복을 주니 재물이 굴러들어온다. 11·12월 타인의 감언이설에 속지말고 신중하게 하라.
531 점(漸)이란 움직인다는 뜻이 있고 또 자란다. 무한히 발전한다는 뜻이 있는 좋은 뜻을 가지고 있다. 그리고 여자는 반드시 결혼한다는 뜻이 있으므로 좋은 배필을 만날 것이다. 그리고 학자라든가 선거나 고시에 특히 좋은 괘이다.	1·2월 집안에 있으면 근심만 있고 좋지 않으므로 출행함이 좋다. 3·4월 구름이 걷히고 맑은 하늘에 일월이 더욱 밝구나.	5·6월 귀인이 와서 도우니 성공은 의심할 바가 없다. 7·8월 착한 행동을 하고 사악한 일을 물리쳐야 운이 따른다.	9·10월 청룡이 물을 얻으니 조화가 무궁하다. 11·12월 만약에 어떤 사람이 유혹해와도 넘어가지 말라.
532 이 괘는 너무나 완고하고 완강하다. 그렇다고해서 위엄이 있는 것도 아닌 무조건 아집이다 라는 뜻이 있어 타인의 많은 비방을 받게 되는 좋지 않은 괘이다. 실패의 원인이 이와같은데서 오게 되므로 넓은 아량을 길러야 한다.	1·2월 어둠을 등지고 밝은 데로 나왔으나 달빛이 안보인다. 집안에 있으면 마음이 심란하고 밖에 나가니 또 여의치 않다.	5·6월 횡액수가 있으니 몸조심을 단단히 해야 한다. 7·8월 적은 것이 가고 큰 것이 오니 좋은 일이 있겠다.	9·10월 어떤 일에 집착할 수가 없으니 공연히 마음만 심란해. 11·12월 매사가 분주하기만 하지 득되는 일은 하나도 없다.
533 이 괘는 길한 흉한 것도 없는 평범한 상이다. 따라서 크게 희망을 가질 것도 혹은 불운이 있더라도 낙망할 것도 없다는 뜻이므로 항상이면 항산이라는 꾸준한 마음가짐으로 만사를 질서있게 처리하는 것만이 호운을 인도하는 방책이다.	1·2월 어린 새가 높이 날고자 하나 날지를 못한다. 3·4월 새로운 일을 꾀하지 말라. 반드시 손해가 있으리라.	5·6월 늙은 용이 여의주를 물었으니 어느 때고 성공하겠다. 7·8월 이별의 정을 아쉬워말라. 이별은 상봉의 징조이다.	9·10월 초록강변에 단비가 때맞추어 내리니 만물이 무성해진다. 11·12월 험한 길을 지나면 반드시 좋은 길이 나온다.

541 이 괘는 하늘의 운행대로, 천도의 돌아가는 이치대로 순응하여 사노라면 자연히 복록이 스스로 몸에 따른다는 격이라 시비를 알고 억지를 쓰지 말고 그저 묵묵히 나가라면 된다는 것이다. 이와같이 하면 만인이 다같이 그 덕을 쫓아 좋아진다는 뜻이 있다.	1·2월 하늘의 운세가 안따르니 억지로 구해도 소용이 없다. 3·4월 험한 길을 다 지났는가 했더니 다시 태산이 가로막는구나.	5·6월 허욕을 탐하지 말라. 욕망이 크면 손해가 크리라. 7·8월 마음은 크나 뜻이 약하니 빨리 이루고자 해도 이루지 못한다.	9·10월 신수가 평범하니 친구와의 우정이나 돈독히 하라. 11·12월 푸른산 그림자속에 뭇새들이 다 모여 즐기는구나.
542 익(益)이 중부(中孚)를 만나면 실사의 뜻이 있다. 그러나 상복을 입게 된다든가 상사에 관련을 가지면 이런 액을 면한다. 따라서 교통사고라든가 물조심 불조심을 각별히 해야 하며 모든 일에 중용을 지킴이 상책이다.	1·2월 가내에 불행이 있으니 서로 이해를 함이 마땅하다. 3·4월 도둑을 조심하라. 이어지는 횡액이 염려된다.	5·6월 매사가 이루어지지 않으니 몸과 마음이 불안하기만 하다. 7·8월 다리를 저는 말을 타고 어떻게 천리를 가겠는가.	9·10월 길성(吉星)이 나를 비추니 먼저는 흉하나 나중에는 길하리라. 11·12월 계획성이 없으면 실패하니 지혜롭게 일을 처리해야 하겠다.
543 이 괘는 말이 성 앞에 다다라서 길이 두갈래로 나뉘었으니 말머리를 어디다 돌려야 할 지 모른다는 격으로 난처한 입장에 놓여있는 형상이다. 남자는 양기를 거느려 어느 하나를 버릴 수 있는가에 고민을 대단히 하는 수가 있다.	1·2월 역마살이 문앞에 다다르니 업을 바꾸거나 어떤 변동이 있겠다. 3·4월 보통의 일이 다 불리하니 매사에 덤비지 말라.	5·6월 집안을 지키고 가만히 있는 것이 제일이다. 7·8월 분에 넘치는 일에 손대지 말라. 손해가 크리라.	9·10월 하고자 하는 일이 자꾸만 어긋나니 심란하다. 11·12월 집안을 잘 다스리면 의외로 좋은 일이 생길 수.
551 이 괘는 부부간에 쟁쟁이 있거나 아니면 남자가 첩을 얻어 그 첩이 본처의 권리를 빼앗는다는 좋지 않은 괘이다. 아니면 자기의 권리가 남에게 빼앗기는 격이니 대단히 주위와 깊은 사려를 해야만이 된다.	1·2월 바람이 초목을 어지럽게 하니 꽃은 날리고 열매는 떨어진다. 3·4월 서남방에서는 벗을 얻으나 동남에서는 오히려 벗을 잃겠다.	5·6월 새로운 일을 하기에는 시기 상조. 그러나 길할 수. 7·8월 쌓인 눈이 아직 풀리지 않았으니 꽃이 언제 필까.	9·10월 꾀하고자 하는 일이 허황하니 종내 얻은 것이 없다. 11·12월 백설이 분분한데 늙은 소나무가 외롭게 서 있구나.
552 이 괘는 모든 친한 사람들을 불러 놓고 잔치를 베푸는 격이다. 그러므로 기쁘고 경사로운 일 즉 결혼 등의 경사가 있겠으며 매사에 별 장애가 없이 도모하는 일이 잘 이루어지는 좋은 괘이므로 큰 희망을 가지고 힘껏 노력해야겠다.	1·2월 동쪽에서 부는 바람이 화창하니 백가지 꽃이 다투어 핀다. 3·4월 문밖을 나가 동쪽으로 가면 귀인이 도우리라.	5·6월 복이 있고 재물이 일어나니 금과 옥이 상자에 가득하다. 7·8월 잡스러움이 사라지고 복이 오니 일가가 안락하다.	9·10월 때때로 덕을 쌓아 놓으면 일신이 반드시 좋은 일이 있으리라. 11·12월 음양이 화합하니 만물이 자연히 번성한다.
553 이 괘는 물에 있던 배가 물을 만나 출범하는 상으로 이제 비로소 숨은 실력이 나타나게 되는 대길한 운세이다. 그러므로 관리는 승진하고 학자는 문광의 기쁨이 있고 상인은 반드시 크나큰 이득을 보며 연인들끼리는 소망이 달성되어 결혼할 수 있다.	1·2월 비단옷에 수를 놓으니 그 빛이 더욱 휘황하다. 3·4월 신수가 왕성하니 하는 일이 다 잘되고 일신이 귀하게 된다.	5·6월 하늘이 스스로 도우니 길하여 도무지 불리함이 없다. 7·8월 의외로 새사람이 들어와 생각지도 않았던 풍파가 일어난다.	9·10월 운수가 대통하여 막힘이 없겠으니 항상 푸르다. 11·12월 마음의 밝기가 물과 같으니 어찌 근심이 있으리오.
561 이 괘는 생각지도 않던 돌발사고가 일어나서 갈피를 잡지 못할 뿐만 아니라 정신자체가 희미하여 자기가 갈 좌표를 뚜렷이 세우지 못하는 좋지 않은 괘이다. 그러므로 좋은 조언자를 구하여 의견을 좇는 것만이 상책이라고 본다.	1·2월 쌓인 눈이 녹지를 않았으니 꽃소식은 언제나 올까. 3·4월 삼월에 꽃을 찾는 격이니 쓸데없는 일에 시간만 낭비한다.	5·6월 공연히 고집을 부리면 반드시 낭패함을 당하리라. 7·8월 오동나무에 가을이 깊었으니 봉황새가 앉지를 않는구나.	9·10월 만약에 횡액이 없으면 가내에 풍파가 일어난다. 11·12월 친한 사람의 말을 믿지 말라. 손해가 있으리라.
562 이 괘는 반드시 여자와 같이 일을 꾸며 크나큰 이득을 보거나, 아니면 여성에 관계되는 사업을 하면 반드시 막대한 이익을 볼 수 있다는 것을 나타내주는 괘이다. 그러나 남자가 바람을 피운다는 뜻도 포함돼 있다.	1·2월 과녁에 화살을 쏘니 백발백중이구나. 3·4월 운세가 잘 풀리므로 재물이 우연한 중에 내집에 다다른다.	5·6월 재물이 생기거나 결혼의 인연을 맺는다. 7·8월 아무리 높은 산이라도 운세가 따르니 쉽게 오르리라.	9·10월 재운이 만당한 가운데 경영하는 일이 거듭 성공한다. 11·12월 병이 생길지도 모르는 운세지만 운수가 길하니 쉽게 치유된다.
563 노인이 이 괘를 얻으면 작고하기 쉬우니 조심해야 하나 젊은 사람에게는 심려할 바가 없다. 또 집을 짓는다는 뜻이 있어 모든 것을 건설하게는 되나 마음과 망상 하는 과업과는 많이 어지러지므로 조심이 많게 된다.	1·2월 늙은 개가 갓을 쓰고 앉았으니 지나는 사람마다 조롱한다. 3·4월 복숭아꽃, 오얏꽃이 피어있으나 벌과 나비가 날지를 않는다.	5·6월 여관방 을시년스런 등불밑에 나그네의 마음이 처량하구나. 7·8월 쥐를 잡으려다 그릇을 깨니 보는 사람이 웃는다.	9·10월 신상에 곤함이 있으니 한탄할 일들이 늘어간다. 11·12월 새로운 일을 꾀하지 말라. 하던 일이나 잘하기로 마음먹으라.

611 이 괘는 거센 물결을 이유도 없이 거슬러 올라가고자 만용을 부리다 큰일을 당한다는 뜻이 있다. 또 물기 없는 암벽을 물이 나올 줄 알고 무조건 손발을 묶고 가만히 자기 위치를 지키면 자연히 길하게 되는 운세이다.	1·2월 물은 얕고 바람은 반대로 부니 배가 어찌 앞으로 가겠는가. 3·4월 언어를 삼가하라, 담장밖에 엿듣는 사람이 있다.	5·6월 남과 더불어 하는 일에 별로 이득을 보지 못하리라. 7·8월 모이고 흩어짐이 일정치 않으니 시종이 희미하다.	9·10월 흉한 것을 피하여 다른 길로 가니 더한 액운이 기다린다. 11·12월 액운이 걷히고 재운이 성하니 반드시 재물이 생긴다.
612 이 괘는 두드리라, 그러면 열리리라, 또 참으라, 그러면 복이 오리라 라고 하는 말을 그대로 표현한 괘상이다. 그러므로 항상 같은 마음으로 꾸준한 노력을 게을리하지 않는다면 당신의 앞에는 반드시 서광이 비친다는 운세이다.	1·2월 동쪽에서 귀인이 와서 스스로 도와주리라. 3·4월 근심 가운데에도 한가닥 희망이 엿보인다.	5·6월 바다에 파도가 일어나지 않으니 천하가 태평하다. 7·8월 마음에 사악함이 없으니 천금이 스스로 생기겠다.	9·10월 처음에는 곤하나 뒤에는 이익이 있으니 때를 기다려라. 11·12월 고향땅에 편안히 머물고자 하는 것은 항심이다.
613 이 괘는 노력을 쌓고 또 쌓아 계단을 오르면 정상으로 다다르게 된다는 인생의 정도를 나타내는 괘상이다. 그러므로 급진적이라든가 비약적인 발전을 기대하기는 어려우나 노력 여하에 따라 거북이도 토끼를 이길 수 있듯이 노력하면 성공할 수 있을 것이다.	1·2월 문앞에 까치가 와서 우니 기쁜 소식이 오리라. 3·4월 단비가 때를 맞춰 내리니 초목이 무성해지리라.	5·6월 매사가 순조롭게 이루어지니 몸의 병도 스스로 낫는구나. 7·8월 동남 양쪽에서 귀인이 와서 반드시 도와주리라.	9·10월 산해진미가 상위에 가득하나 어디로 수저를 돌릴까. 11·12월 숨은 용이 여의주를 얻으니 머지 않아 승천하리라.
621 이 괘는 시꺼먼 물이 동그라미를 그리며 휘말려 들어가는 흉한 상을 가지고 있는 상으로 화류계나 물장수에 종사하는 사람이면 오히려 무관하나 반드시 젊은 여자들은 정조를 더럽힐 우려가 있으니 각자 가기가 앞날을 위해서 현명한 방책을 모색하기 바란다.	1·2월 내외가 딴 마음을 먹고 있으니 어찌 재수가 있으리오. 3·4월 깊은 산기슭을 돌아가는 길에 광풍이 갑자기 불도다.	5·6월 머뭇거리고 결단을 내리지 못하니 마음이 약한 탓이리라. 7·8월 비바람과 눈보라가 겹치니 행인의 발걸음이 총총걸음이다.	9·10월 짚을 지고 불속으로 들어가니 그 어리석음을 어디다 비길까. 11·12월 먼저는 어려움이 있었으나 나중에는 자연히 풀린다.
622 둔(屯)이란 싹이 자라고자 하나 기후의 장애가 있어 자라지 못하는 뜻이 있어 고통을 의미한다. 또 새가 알을 까고 나오는 과정이다. 그러니까 인생의 한 시련을 의미한다.	1·2월 사방에 나갈 문이 없으니 향할 곳을 어디에 정할까. 3·4월 밤길에 비를 만났으니 고통이란 말할 수 없다.	5·6월 친한 사람을 믿지 말라. 반드시 해가 돌아오리라. 7·8월 늙은 호랑이가 병으로 누웠는데 이리마저 덤비는구나.	9·10월 산에 들어가 호랑이를 만났으니 진퇴가 양난이다. 11·12월 얼음이 풀리고 녹으니 머지않아 꽃이 피겠다.
623 이 괘는 큰 뜻을 품고 시골에서 서울로 과거를 보러 오는 선비의 형상을 나타낸 괘상인데 반드시 급제를 할 수 있다는 대길한 괘상이다. 그러므로 공무원은 승진하고 학생은 합격하며 상인은 크게 이득을 보며 노처녀도 시집가게 된다.	1·2월 봄바람은 솔솔 부는데 제비가 지저귀니 새끼가 화답하도다. 3·4월 좋은 벗이 멀리서 찾아주니 주연이 도도하다.	5·6월 가는 곳마다 재물이 가득하고 내가 원하는대로 내 곳간에 쌓인다. 7·8월 하는 일을 중도에 그치지만 않으면 반드시 성공한다.	9·10월 지혜도 있고 재주도 있어 의외의 일에도 충분히 성공한다. 11·12월 아들을 얻고 딸을 낳으니 영화가 무궁하여 만사가 형통하리라.
631 역경(易經)에 말하기를 군자는 절름발이를 보면 정지한다. 이것은 곧 군자의 슬기로움이라고 말했다. 그러므로 이런 괘가 나오면 절대로 자기 스스로의 능력을 파악하여 분수를 기함이 제일인 것은 물론 분수에 넘치는 일을 하다가 불길한 일을 당한다.	1·2월 밝은 것이 어두운 것으로 변하니 먼저는 길하나 나중이 나쁘다. 3·4월 눈이 녹지 않았는데 어떻게 죽순이 나오겠는가.	5·6월 덕을 쌓는 집안에는 반드시 경사가 있는 법이다. 7·8월 자라는 용의 형상이니 실력배양을 더하면 대성하리라.	9·10월 교사한 사람을 삼가하라. 속아넘기 쉬우리라. 11·12월 뜻밖에 좋은 일이 있겠다. 힘껏 노력하라.
632 기다려라, 참는 것이 미덕이다, 참는 자는 복이 있나니라 는 뜻이 있으므로 자기의 위치를 지키는데 동요하지 않는 것이 상책이다. 이동이나 변동수가 있으니 절대로 삼가하고 딱딱한 돌위에서도 삼년이란 모토를 가짐으로써 성공하는 운세이다.	1·2월 범의 꼬리를 밟는 격이니 되는 일이 없고 질병에 걸리겠다. 3·4월 사람의 말에 현혹되지 말라. 불길한 운세 있다.	5·6월 꾀하는 일은 많으나 뜻대로 되는 일이 없다. 7·8월 씨앗을 돌위에 뿌려놓고 싹 나오기만을 기다린다.	9·10월 산에 올라가 낚싯대를 드리우고 있으니 고기가 잡힐리가 없다. 11·12월 사방으로 분주히 돌아다니나 도무지 이익이 없다.
633 새는 알을 까고 나온다. 그것은 생명이 있는 만물의 고초이다. 운이 좋지 않는 것은 앞으로 올 당신의 행운에 밑거름인 것이다. 연꽃은 진흙속에 피어 아름다움을 나타내듯이 일시적인 고통이란 장래에 크나큰 도움을 제공한다.	1·2월 맹호가 함정에 빠졌으니 그 용맹이 무슨 소용이 있겠는가. 3·4월 우뢰가 백리를 놀라게 하나 소리만 크지 형태는 없다.	5·6월 오리무중이니 앞길이 컴컴하여 헤어날 방법이 없다. 7·8월 서광이 비친다. 반드시 귀인이 도우리라.	9·10월 이 세상 차세에서 참는 것이 가장 좋은 것임을 알라. 11·12월 불을 조심하라. 아니면 횡액이 침범하게 된다.

641 이괘는 용이 하늘로 올라가려다 오르지 못하고 뱀이 되어 버렸다는 안타까움을 가지고 있는 괘상이다. 그러나 너무 낙심할 것까지는 없고 자신의 몸을 도서라 다시 한번 재기한다면 성공은 틀림이 없으며 오히려 그 공이 더욱 크게 나타나게 된다.	1·2월 좋은 친구를 만나면 성공의 문을 여는 돌파구가 되리라. 3·4월 하는 일에 두서가 없으니 꾀하는 바를 이루지 못한다.	5·6월 봄빛이 아름다우니 꾀꼬리 소리가 태평하다. 7·8월 사람과 다투지 말라. 경찰서 신세를 지게된다.	9·10월 배고픈 사람이 얻었으니 기쁨이 넘친다. 11·12월 희망을 가지고 일하면 반드시 보답이 오리라.
642 이 괘는 세밀한 정신을 갖지 못하여 지나간 버스 손드는 격으로 적채 적소를 폭착치 못하여 실패를 보게 되는 운세이므로 진실한 조언자가 필요할 때이다. 그러므로 친지나 선배에게 상의하여 매사를 처리하도록 하자.	1·2월 진주를 구하려면 바다로 가야 되는데 산에 가서 구하고 있다. 3·4월 여자와 술을 삼가하라. 실패가 바로 여기에 있다.	5·6월 천리길이 조급하지만 늙은 말에 채직을 가한들 무슨 소용이 있나. 7·8월 오랜 병끝에 환자가 우연히 명의를 만난 격.	9·10월 분수에 넘치는 일은 절대로 탐하지 말라. 11·12월 동산에 봄기운이 도니 백가지 꽃이 피리라.
643 둔(屯)이란 것은 싹도 나오지 못했다. 아직 유치하다라는 뜻이 있고 기제(旣濟)란 완성했다. 더 발전할 것이 없다라는 뜻이 있으므로 둘이 다같이 중화형평(中和衡平)을 이루어 완전한 균형이 맞게 되어 대단히 좋은 운세의 작용을 하게 된다.	1·2월 영험한 까치가 문앞에 와서 우니 길한 소리가 다 모인다. 3·4월 눈이 풀리고 얼음이 다 녹으니 초목이 봄을 다툰다.	5·6월 낮은 곳에서 높은 곳으로 올라가니 모든 사람이 우러러 본다. 7·8월 백성이 편안하니 윗사람이 덕치를 하기 때문이다.	9·10월 형이야 아우야 하던 사람이 내게 손해 보이리라. 11·12월 백마에 은안장을 앉으니 남아가 뜻을 얻은 운세.
651 이 괘는 많은 노력을 들여 우물을 파서 물이 콸콸 솟으니 뚜껑을 닫지 말자. 왜냐하면 동네 사람들 다같이 마실 수 있는 혜택을 베풀어야지 아니면 인심을 잃게 된다는 것을 말해 주는 좋은 괘상이다.	1·2월 비온뒤에 달이 나온 격이니 새로운 국면이 펼쳐지리라. 3·4월 남이 헛되다고 하는 일도 내가 손을 대면 성공할 수 있다.	5·6월 달밝은 임야에 미인이 스스로 걸어오나 지나치게 쫓지는 말라. 7·8월 신고(辛苦)를 한탄말라. 하루 아침에 형통할 수 있다.	9·10월 지금은 때가 아니니 다음달에 새 일을 도모하라. 11·12월 처궁(妻宮)에 액이 있으니 질병을 조심해야겠다.
652 이제부터 운이 열리기 시작한다. 조급히 굴면 오히려 손해를 초래한다. 누구나 좋은 운이 오려면 고통은 더욱 심할 것이다. 당신에게 하늘이 큰 임무를 맡길 때는 반드시 마음에 고통을 주고 몸을 마르게 하며 하는 일을 불성케 한다는 맹자의 말씀을 명심하라.	1·2월 곧은 마음을 가지고 한 곳으로 나가면 하늘이 스스로 돕는다. 3·4월 너무 고집을 부리지 말라. 횡액이 있기 쉽다.	5·6월 하늘에서 단비가 내리니 오곡이 소생하도다. 7·8월 중천에 햇빛이 높게 떴으니 바라던 일이 성취된다.	9·10월 구월 단풍에 강산이 붉으니 어찌 집안에만 있겠는가. 11·12월 어디를 가나 좋은 일이 있으니 불만이 없을 것이다.
653 시꺼먼 흙탕물이 소용돌이를 치며 무섭게 돌아가 한번에 나오지 못하는 뜻을 가진 흉상이다. 그러므로 집안에 앉아 학문을 연구한다든가 공부를 하는 일에 오히려 대길하나 그 외에는 하나도 좋을 것이 없다는 나쁜 괘상이다.	1·2월 밤길을 가다가 등불을 잃었으니 갈길이 막연하다. 3·4월 가뭄이 계속되니 비를 기다리는 초목이 자라지 못한다.	5·6월 한 손으로 화살을 당기나 얼마나 나가겠는가. 7·8월 늙은 당나귀가 짐을 싣고 꾀를 부리니 어찌할 것인가.	9·10월 분수를지키고 집에 머무르는 것이 생활에 안전하다. 11·12월 슬하에 액이 끼겠지만 그다지 큰 걱정거리는 아니다.
661 구중이란 뜻은 대궐을 말하는 것이고 단계(丹桂)란 것은 벼슬을 얻어 면류관을 쓰게 된다는 뜻이다. 그러므로 뜻하는 바가 이루어지고 아들을 낳을 수도 있으며 내 문전에 사람이 많이 모여 소위 문전성시를 이룬다는 좋은 괘상이다.	1·2월 관직에 올라 이름을 날리지 않으면 슬하에 경사가 있다. 3·4월 남과 다투면 이로운 일이 없을 것이다.	5·6월 무역을 하면 그 이익이 백배가 넘게 되리니 무척 좋다. 7·8월 매사에 마가 끼기 쉬우니 출행하면 화가 있기 쉽겠다.	9·10월 지위는 높아지고 재산도 많아지니 사람마다 우러러본다. 11·12월 상가집에 가지말라. 질병에 걸리기 쉽다.
662 이 괘는 고생끝에 복이 온다는 괘상이다. 또 금의 환향하니 모든 사람들이 우러러보게 된다는 말할 수 없이 좋은 괘상이다. 결혼하면 좋은 배필을 만나고 학자는 과거에 급제하며 상인은 크나큰 이득을 보게 되는 좋은 운세이다.	1·2월 길한 별이 내 몸을 비치니 모든 일이 뜻과 같으리라. 3·4월 외방(外方)에 쓸데없는 일을 벌이지 말라. 손해를 보게된다.	5·6월 명월과 청풍이 누구를 위해 있는가. 갈길이 너무나 바쁘다. 7·8월 재물이 나를 따르니 많은 덕을 베풀어야 더욱 좋다.	9·10월 금은과 비단이 집에 가득하니 더 그리울 것이 무언가. 11·12월 옛것을 지켜 분수를 알라. 그러면 편안해질 것이다
663 이 괘는 별로 탐탁치 않던 일이 알고 보니 참으로 잘 되었다는 전화위복(轉禍爲福)으로 의외로 횡재수가 있다. 속속에 편이 떡보다 낫다는 말과 서로 비슷하므로 망설이지 말고 무조건 마음내키는 대로 일을 꾸미면 안되는 일이 없으리라.	1·2월 먼저는 곤궁하나 나중에 여유가 생길테니 염려하지 말라. 3·4월 어린아이가 젖을 먹는 격이니 즐거움이 도도하다.	5·6월 때를 타서 매진하라. 그러면 공로가 백중하리라. 7·8월 맑은 강물에 낚시를 던지니 마음이 태평하겠다.	9·10월 사리대로 일을 처리하면 반드시 형통할 운세이다. 11·12월 적은 것을 가지고 크게 만들어내는 수완이 뛰어나다.

711 반드시 어려운 것이 풀리고 이름이 많이 날 수 있는 좋은 괘이다. 인사를 받는다는 뜻이 있고 망신을 당한다는 뜻도 약간 함축되어 있으니 몸가짐만 삼가한다면 당신의 일은 성공을 염려할 바가 없다.	1·2월 비는 순하게 내리고 바람이 조화로우니 만물이 번식한다. 3·4월 우연히 밖에 나갔다가 귀인을 만나 좋은 일을 보리라.	5·6월 이름도 떨치고 이득도 보니 사람마다 치하를 아끼지 않는다. 7·8월 동풍이 따스하게 불어오니 복숭아·매화가 서로 봄을 다툰다.	9·10월 푸른 새가 와서 좋은 소식을 전하니 어찌 기쁘지 않겠는가. 11·12월 빨리만 서둘지 말라. 반드시 성공할 수 있을 것이다.
712 이 괘는 무엇이든지 될듯 될듯 하면서 감질만 나고 이루어지지 않는 뜻을 가지고 있다. 그렇다고 아주 포기해 버리기도 미련이 남아 어찌할바를 모른다는 뜻이 있으나 끝끝내 밀고 나가면 반드시 좋은 일이 있을 것이라는 괘상이다.	1·2월 출행을 하지말라. 그러면 반드시 손해가 따른다. 3·4월 이사하면 길하고 좋은 일이 겹쳐 생기리라.	5·6월 친구간에 불리함을 당하기 쉬우니 사업상으로는 기피하라. 7·8월 집안에 있으면 몸이 곤하니 사방을 찾아다님이 좋다.	9·10월 공연히 분주하면서 소득은 없다. 행동에 주의하라. 11·12월 특별히 차를 조심하라. 아울러 불조심도 하라.
713 손해(損)란 것은 손해를 본다는 뜻이 아니고 회사하는 뜻도 있는 것이다. 그러므로 투자하든가 도와준다든가 하는 일은 나중에 나에게 반드시 그 보답이 오게 된다는 인정이 넘치는 좋은 괘상이므로 주저하지 말고 마음껏 봉사정신을 발휘하도록 하라.	1·2월 맑은 연못에 금붕어가 자유롭게 노니는 형상이다. 3·4월 친한 사람끼리 서로 화답하니 만사에 막힘이 없겠다.	5·6월 보슬비가 봄풀을 적시니 만물이 무럭무럭 자란다. 7·8월 하나를 얻으면 하나를 또 잃으니 무해무득하다.	9·10월 동쪽에서 귀인이 나타나 크게 돕는다. 죽은 사람도 살아날 운세. 11·12월 지출이 심히 많겠다. 적절한 조치를 하도록 하라.
721 산에는 수목이 울창하고 골짜기에 흐르는 물이 한없이 맑아 앞으로 무한히 발전할 수 있는 청년의 기상을 나타낸 괘이다. 그러므로 현재의 고통은 미래에 대성을 안겨 준다는 뜻이 있으므로 마음껏 노력하도록 하라.	1·2월 원기가 넘쳐 흐르니 그것은 청년의 생기있는 모습. 3·4월 근심도 없고 염려할 바도 없으니 이것이 곧 신선한 생활.	5·6월 봄수풀에 단비 내리니 백화가 서로 다투어 핀다. 7·8월 가고옴이 일정치 않으니 매사에 두서가 없다.	9·10월 목성(木星)을 가까이 말라. 크나큰 해를 보리라. 11·12월 두문불출하는 것이 제일 좋으니 외출하지 말라.
722 이 괘는 딱딱한 음식을 입안에 넣고 아무리 씹어도 깨물어지지 않는다는 상으로 대단한 어려움을 나타내는 괘상이다. 또 입씨름이란 뜻도 가지고 있으므로 언쟁을 삼가하지 않으면 반드시 송사나 관재 구설이 생기게 된다.	1·2월 날고자 하나 날개가 없으니 뜻만 괴롭도다. 3·4월 쥐를 잡으려고 던진 몽둥이가 그릇만 깨었구나.	5·6월 기쁨도 많고 노함도 많으니 희로가 한결같지 않다. 7·8월 내가 하고 싶지 않은 일은 남에게도 시키지 말라.	9·10월 매사에 임해서 결단을 내리지 못하니 조언자를 구하라. 11·12월 집밖에 나가 돌아다녀도 좋은 일 없으리라.
723 이 괘는 너무나 자신을 믿고 맹진하다가 크나큰 실패를 할 뿐만 아니라 많은 조언을 해줄 사람을 얻지 못한다는 좋지 못한 괘상이다. 그러므로 겸양하여 마음을 부드럽게 하고 남을 인정해 주는 심덕을 기르자.	1·2월 해는 저물고 갈길은 머니 나그네 마음이 조급하기만 하다. 3·4월 남의 시비에 참여하지 말라. 우연한 횡액이 있으리라.	5·6월 북쪽은 불리하니 그 길을 피해서 행하도록 하라. 7·8월 귀인을 만나면 성공하겠으나 아니면 할 일을 찾아야 한다.	9·10월 금계(錦鷄)가 새벽을 알리니 머지않아 해가 뜰 징조다. 11·12월 정직하고 곧은 마음으로 반드시 남이 먼저 안다.
731 이 괘는 산을 넘고 또 넘어서 드디어는 탄탄대로로 나온 격이 되는 괘상으로 모든 어려움이 풀려 뜻대로 되어 나가는 운세이다. 그러므로 관리는 영전의 기쁨이 있고 학자는 고시에 합격하며 상인은 크게 이득을 볼 수 있는 대길한 수이다.	1·2월 좋은 기회가 돌아오니 모든 일이 생기를 띠고 순조롭게 진행되겠다. 3·4월 하늘에서 스스로 도와주니 불리함이 없겠다.	5·6월 그림의 떡을 보는 것과 같으니 허욕을 부리지 말라. 7·8월 인정이 있는 사람을 가까이 말라. 흉함이 많고 길함이 적겠다.	9·10월 비리로써 처사를 하지만 않으면 모든 사람이 도우리라. 11·12월 봉황새가 이른 아침에 우니 태평한 기상이라.
732 대축(大畜)이란 크게 쌓아 놓는다는 뜻을 가지고 있다. 그리고 또 더디다, 느리다 하는 뜻이 있으므로 조급하게 굴지 않으면 대기만성이 되고 나중에 크게 성공을 하게 되는 것이다. 연인사이라면 결혼이 좀 늦게 이루어질 것이다.	1·2월 남쪽에서 올라온 사람이 우연히 나를 도우리라. 3·4월 바람은 구름을 헤치니 좋은 별이 나를 비친다.	5·6월 근심이 있는 중에 기쁨이 생기나 화기가 집에 가득하다. 7·8월 뜻하는 바가 여의하니 맨손으로 모든 것을 이루리라.	9·10월 우뢰소리가 백리가 놀라게 하나 소리만 있지 형체는 없다. 11·12월 너무 한가하다고 쓸데없는 일에 간섭하면 구설이 생긴다.
733 이 괘는 노력한 성과가 혁혁하게 빛난다. 또는 한 남자에 두 여자가 매달리는 뜻이 겸하여 있다. 그러므로 남자는 여자만 주의하고 젊은 여자는 스캔들만 조심을 하면 무난하고 그 외에는 모든 것이 달통되는 대길한 운수이다.	1·2월 바다에서 진주를 구하고 꽃은 피어 열매를 맺었도다. 3·4월 십년동안 노력한 것이 오늘날에야 영화를 보는구나.	5·6월 오곡이 풍요하니 풍년가 소리가 천지에 꽉 차구나. 7·8월 하늘이 나를 도우니 가내에 재앙이 없겠다.	9·10월 한가지 일에만 힘을 쓰라. 한꺼번에 두마리의 토끼를 못잡는다. 11·12월 위를 보고 걸어라. 큰 것이 보이리라.

741 여섯 말에 안장을 얹고 남아가 뜻을 얻었으니 나아가리라 또는 대사업을 일으키리라 아니면 개업하리라 하는 뜻이다. 대체로 운세상으로는 대단히 길하게 작용을 하나 주거의 불안정함이 나타남으로 거처를 분명히 할 것	1·2월 홀연히 은인을 만나 하는 일에 좋은 결과가 오리라. 3·4월 한마음을 가지고 꾸준히 나가면 성공이 눈앞에 있다.	5·6월 돛단배가 순풍을 만나니 천리길이 무슨 걱정이리오. 7·8월 밖에 나가보아도 별로 길하지 않으니 집안에서 지내는 것이 좋다.	9·10월 양인이 서로 술을 대작하니 취기가 도도하다. 11·12월 몸을 삼가고 비용을 절약하면 모든 일이 뜻대로이다.
742 이 괘가 나오면 무조건 희망하라, 그리고 도와주라, 또 덕을 베풀어라, 덕을 쌓는 집에 반드시 경사가 있다는 뜻을 나타내 주는 형상이다. 그러므로 어떤 일을 해도 바른마음만 가지고 도모를 한다면 안될 것이 없다는 운세이다.	1·2월 이른 아침에 까치가 와서 우니 기쁜 일이 있겠다. 3·4월 쥐가 곡식창고에 들어간 격으로 아무 근심이 없다.	5·6월 꾀한 일은 순풍에 돛단듯 순조롭게 진행된다. 7·8월 청룡이 하늘에 오르는 격이니 더이상 바랄 것이 없다.	9·10월 얕은 물에서 고기를 잡으니 어렵지 않게 잡는다. 11·12월 좋은 일을 하라. 그러면 온갖 복이 모이리라.
743 이 괘는 웃음 속에 칼을 품고 있다. 또는 꿀속에 비상이 들어있다는 뜻이 있으니 남을 속이려다가는 오히려 크고를 다친다는 뜻이 있으므로 정직하고 거짓이 없어야만이 나쁜 운세를 벗어나는 길이므로 절대로 누구의 말이든 현혹되면 안된다는 것을 뜻한다.	1·2월 날고자 하나 날개가 없으니 아쉽기만 하다. 3·4월 눈을 감고 새를 잡으려 하니 남을 속이는 격이다.	5·6월 타인의 말을 듣지 말라. 반드시 손해를 본다. 7·8월 십년간 칼을 갈았으나 한번도 써보지 못했구나.	9·10월 도둑을 조심하라. 실물수가 가히 두렵도다. 11·12월 높은 곳에 올라가지 말라. 낙상수가 있다.
751 이 괘는 마음이 조급하여 급히 서둘면 반드시 실패을 암시한다. 또 집안 도둑을 삼가하라는 뜻이 있으므로 많은 주의를 해야 한다. 그러므로 만사는 새옹지마라는 격언을 거울삼아 천천히 매사에 따른다면 별다른 탈은 없게 된다.	1·2월 급하게 뛰다 넘어졌으니 도리어 일이 늦어지는구나. 3·4월 입을 다물고 혀를 묶어라. 그래야 화가 없다.	5·6월 어둠을 등지고 빛을 향해 나오니 조금씩 광명이 다가온다. 7·8월 술을 즐기고 꽃을 탐함은 얼마나 좋은 일인가.	9·10월 사슴을 쏘았는데 토끼가 맞았으니 소망을 못 이루었도다. 11·12월 삼년간 쌓은 공이 하루아침에 빛났구나.
752 이 괘는 만사가 뜻과 같이 안된다든가 또는 나쁜 일이 있다든가 하는 등의 일은 없지만 공연히 마음에 불쾌함이 가시지를 않고 권태로움을 느낄 괘이다. 그러므로 직업을 가진 사람은 사표를 내려 하고 상인은 의욕이 나지 않을 때니 여행을 하면 좋다.	1·2월 백가지 일에 흠이 없으니 무엇을 탐하겠는가. 3·4월 처궁(妻宮)에 재액이 있기 쉬우니 건강을 주의하라.	5·6월 연못에 바람이 일어나니 어찌 잔잔하리오. 7·8월 좋은 일이 당도하니 날쌘 호랑이에 날개까지 달린듯.	9·10월 친한 벗과 마주 앉으니 옛정이 되살아난다. 11·12월 자손에 걱정이 있기 쉽다. 건강에 우의하라.
753 이 괘는 물용취녀(物用取女)라 해서 반드시 여자 관계를 신중히 하라는 암시가 있다. 왜냐하면 운세 자체가 부정한 여성과의 인연이 있는 괘상이므로 여인이 반드시 따르게 되며 아니더라도 여자와 하는 일은 무엇이든지 안된다는 뜻이 있으니 결혼도 불가하다.	1·2월 구슬이 물깊은 곳에 있는데 파도는 더욱 심하다. 3·4월 감언이설에 속지말라. 손해가 크게 닥쳐오리라.	5·6월 할일이 없어 놀고 있으니 어디를 가든 일이 없으리라. 7·8월 바깥 재물에 욕심을 탐하지 말고 교통사고를 주의하라.	9·10월 배를 타고 노를 젓는데 바람이 불어 뒤를 밀어준다. 11·12월 좋은 운이 돌아왔으니 자연히 성공하게 되리라.
761 이 괘는 날개도 달지 않고서 날려하는 격으로 아직 자기의 실력 부족을 모르고 함부로 말을 하는 것이다. 그러므로 자기의 분수을 지키고, 내밀 돌을 먼저 채인다는 속은을 잘 새겨 절대로 망동하면 좋지 않다는 것을 알아야 할 것이다.	1·2월 호랑이가 북해를 건너게 되었으니 추위를 당할 수가 없다. 3·4월 길한 운세가 가까이에 없으니 참고 기다리라.	5·6월 출행을 하지 않으면 이사라도 할 수 이다. 7·8월 맹호가 함정에 빠졌으니 그 용맹이 무슨 소용인가.	9·10월 다른 사람과 더불어 하는 일은 그 해가 적지 않으리라. 11·12월 문서상으로 좋지 않은 일이 있기 쉬우니 검토하기 바란다.
762 이 괘는 머뭇거리지 말라. 지금이 찬스다. 당신의 실력을 완전히 인정을 받게 된다 라는 좋은 운세를 갖고 있으니 주저 말고 마음껏 노력하도록 하라. 그러나 여성에겐 남성과 같이 크나큰 일을 경영한다든가 여사장 소리를 듣는 사람에게는 특히 좋다.	1·2월 복록이 하늘에서 절로 내려오니 마음을 굳게 먹자. 3·4월 때는 봄철인데 어느 선녀가 가야금을 뜯는고.	5·6월 만약 아들을 낳지 못하면 식구가 늘겠다. 7·8월 호랑이를 길렀으니 커서 산으로 돌아가게 된다.	9·10월 그릇은 차면 넘고 만물은 번성한 후 쇠하여진다. 11·12월 고기가 변하여 용이 되었으니 반드시 경사가 있으리라.
763 이 괘는 까치과 나뭇가지 하나를 물어다 집을 짓는다는 뜻을 가지고 있는 상으로 다시 말해서 티끌모아 태산이라는 격이다. 그러므로 이런 괘상이 나왔을 때 차분히 저축을 한다면 자기도 모르게 크나큰 돈을 예축할 수 있게 된다.	1·2월 음양이 한데 배합하니 만물이 생기가 도나. 3·4월 단비가 내리니 수목이 무럭무럭 자란다.	5·6월 적은 것은 사라지고 큰 것을 얻게되니 실력이 나타난다. 7·8월 계속해서 풍년이 든 격이니 오곡이 진진한다	9·10월 순풍에 돛을 다니 천리길도 단숨에 가는구나. 11·12월 이름을 이루고 이득을 얻으니 주위에서 추앙한다.

811 이 괘는 윤변대길(允諴大吉)이라 하여 태평성세가 계속됨을 나타내는 괘이다. 그러므로 관리는 영전하고 학자는 소망을 이루며 평범한 이도 크나큰 이득을 얻을 수 있으며 부부는 화평하고 연인들끼리는 결혼할 수 있으며 만사에 막힘이 없는 좋은 운세가 작용한다.	1·2월 바람이 일어나 구름을 거두니 하늘과 바다가 함께 푸르다. 3·4월 운이 다다르고 때가 왔으니 자연히 성공하리라.	5·6월 몸을 닦고 수양을 하면 재액이 어찌 닥치겠는가. 7·8월 손님이 찾아오면 반드시 공경하라. 그러면 화가 없으리라.	9·10월 재물이 북쪽에 있으니 그쪽으로 가면 길하다. 11·12월 교묘하게 일을 꾸미면 반드시 졸작이 되고 만다.
812 이 괘는 명지명덕(明旨明德)이 있어 군자가 행할 바를 어기지 않고 나아가기 때문에 모든 사람들이 그 덕에 순화되어 따르게 된다는 좋은 괘상이다. 그러므로 어떠한 일을 해도 방해하는 사람이 없이 순조롭게 이루어지게 되는 좋은 뜻이 있다.	1·2월 위험한 중에 편안함을 구하니 먼저는 곤하나 나중은 편안하리라. 3·4월 나를 받드는 자가 많으니 자연히 성공하리라	5·6월 바람이 시원하니 부채가 무슨 소용이 있겠는가. 7·8월 항구로 들어오는 배에 싣고 오는 금과 옥이 가득하다.	9·10월 이른 아침 연꽃잎에 이슬이 구르니 그 빛이 아름답다. 11·12월 우물속에 앉아 하늘을 쳐다보니 생각이 좋도다.
813 임(臨)이란 글자 그대로 임박했다. 때가 왔다. 호기를 놓치지 말고 급하게 밀고 나가라는 것이다. 그러나 팔월은 흉하다는 뜻이 있으므로 팔팔 양월에 각별한 주의를 기울인다면 아무탈이 없을 것이다.	1·2월 나가고 물러감을 스스로 하니 길흉에 염려할 바가 없다. 3·4월 고기가 용문에 뛰어오르니 큰 벼슬을 하리라.	5·6월 갈길은 비록 천리나 되나 적토마를 탔으니 근심할 바가 없다. 7·8월 가을풀이 서리를 만났으니 어떻게 열매 맺기를 기다릴까.	9·10월 복이 오려면 마음이 먼저 영걸스러워진다. 11·12월 어둠을 등지고 밝은데로 나오니 신하가 임금을 만났도다.
821 이 괘는 싸움터에서 승전을 하고 돌아오는 개선장군의 늠름한 모습을 나타낸 괘상이다. 그러므로 만사에 자신이 넘치며 기세가 있어 어떤 일인지 이루어지지 않는 것이 없을 것이라는 대길한 뜻을 가진 운세이다.	1·2월 백가지 곡식이 풍족한데 모든 사람이 나로 인해 영화롭다. 3·4월 재수도 있고 따라서 경사도 겹치니 누군들 치하하지 않겠는가.	5·6월 집안에 있어보았자 무익하니 외출을 하는 것이 좋다. 7·8월 비리로써 하는 일을 삼가하여 뜻에 두지 말라.	9·10월 금성(金星)과 합심하면 어떤 일이든 이루리라. 11·12월 옛것을 버리고 새것을 쫓으니 복록이 무궁하다.
822 복(復)이란 환원된다. 다시 복구된다는 뜻이 있는데 원래의 뜻은 만물이 소생할 수 있는 양기가 다 모인 상태를 말한다. 그러므로 한번 사업에 실패했던 사람이나 결혼에 실패했던 사람이나 결혼에 실패하여 재혼하는 사람에게 이괘가 나오면 정말 좋다.	1·2월 모래를 일어 금이 나오니 만사가 형통하리라. 3·4월 뒷동산 잣나무가 벌써 성장하여 씨앗을 열었구나.	5·6월 제비가 떼를 지어 노래하니 그 소리가 재미롭구나. 7·8월 땅을 파서 금을 보니 노력한 바가 나타나게 된다.	9·10월 비바람이 순순히 부니 오곡이 무럭무럭 자란다. 11·12월 꾀꼬리가 낮은데서 높은데로 옮기니 상승하는 운세로다.
823 고진감래란 고생끝에 낙이 돌아온다는 뜻을 가진 말인데 바로 이 괘가 그러한 뜻을 가진 괘상으로 타향에 나가 모진 고생 끝에 성공을 해서 금의 환향하는 격으로 대단히 강한 뜻을 가지고 있으므로 어떤 일을 해도 막힘이 없을 것이다.	1·2월 뜬구름이 햇빛을 가리니 그 빛을 발하지 못하는도다. 3·4월 남의 일에 간섭하지 말라. 관재구설이 있으리라.	5·6월 남쪽으로 이주하면 자연히 귀인이 나타나리라. 7·8월 두사람이 한마음으로 먹으니 공로가 더욱 높더라.	9·10월 담쟁이 넝쿨이 담위를 오르니 어렵던 일이 서서히 풀린다. 11·12월 덕이 높을진대 어찌 사람이 나를 해롭겠는가.
831 이 괘는 글자 그대로 겸양 유덕하고 인사성만 밝으면 모든 사람들의 힘에 의해서 만사가 스스로 이루어진다는 뜻을 가지고 있는 좋은 괘상이다. 그러나 남성은 여자가 많이 따른다는 뜻이 있으므로 여자 피하기를 화살 피하듯이 하라고 교훈을 함축시킨 괘이다.	1·2월 돌을 갈아 옥이 나오니 만사가 크게 이루어지리라. 3·4월 동남 양쪽으로 나아가면 대단히 길할 것이다.	5·6월 지위와 재산이 향상됐으니 일신이 편안하다. 7·8월 태양이 종천에 높이 떠있으니 만상이 다 밝도다.	9·10월 옛것을 버리고 새것을 쫓으니 호운이 장래에 오리라. 11·12월 꽃이 피었으니 멀잖아 열매를 맺을 것 조급히 생각말라.
832 이 괘는 우연히 횡재를 하게 되고 또 우연히 귀인이 나와서 나를 도와준다는 좋은 괘상이다. 그러므로 젊은 남녀들은 우연히 만났다가 결혼으로 골인하게 되고 남자는 또한 여인도 뒤따르게 되니 특별히 조심할 것이다.	1·2월 하늘에서 복이 내리니 그것은 조상의 음덕이라. 3·4월 장마비에 초목이 울밀하니 그빛이 마냥 파릇하기만 하다.	5·6월 이름을 이루고 이득을 얻으니 축하하는 사람으로 문안이 꽉찬다. 7·8월 의외로 기쁜 일이 오늘 있을 줄 누가 알았겠는가.	9·10월 자손에 경사가 있고 가운이 점점 흥왕해진다. 11·12월 양곡이 옥을 다듬으니 그 아름다움이 배가하리라.
833 이 괘는 움직이면 패하고 현재의 위치를 그대로 고수하면 오히려 길하다는 뜻을 가지고 있는데 문인 학자에게 이 괘가 나오면 학문적인 지대한 발전이 온다는 대길한 수이나 관리나 상인에게는 무해 무득한 괘상이므로 자기의 본분만 지키면 오히려 좋은 운세	1·2월 해와 달이 뜨고 지는 자연의 원리를 되새겨볼 때. 3·4월 돌을 깨서 금옥을 보니 이득이 막대하리라.	5·6월 한번 놀랄 수가 있으나 헛된 것이니 걱정을 말라. 7·8월 은혜가 오히려 원수되니 대인관계에 조심할 것.	9·10월 새가 그 사는 둥우리를 태웠으니 슬픔이 있으리라. 11·12월 자식에겐 근심이 있기 쉬우니 미리 예방하라.

841 잘되어 나가다가 말한번 실수로 모든 것을 그르치는 괘. 이 괘는 입다물기를 돌부처같이 해야만이 모든 재앙과 흉함이 일어나지 않기 그렇지 않고 자기의 분수도 모르고 날뛰다가는 큰코 다친다는 뜻이 있으므로 항상 덕을 쌓자.	1·2월 말만 앞세우고 실천을 못하니 일의 실마리가 없도다. 3·4월 일을 꾀하고자 함은 오히려 불리하니 허송세월함이 낫다.	5·6월 산과 강을 건너야 할텐데 벌써 날이 저물었구나. 7·8월 들어와도 곤란하고 나가봐도 이익이 없구나.	9·10월 좋은 운세가 전개되니 점점 길해지리라. 11·12월 차조심·불조심만 하면 무사히 지낼 수 있다.
842 이 괘가 알단 정지하라, 멈춰라, 나중을 위해서 쉬어라, 멀리 뛰려면 뒤에서부터, 또는 작전상 후퇴하라는 뜻이 있으므로 불운이라고 탄식말고 장래에 크나큰 성공을 약속하는 괘상이니 안심하고 수도하는 성심으로 노력만 할 것	1·2월 봉황새가 닭무리에 들어왔으니 상하를 가리기 어렵다. 3·4월 도원(桃源)에 자취를 감추니 재앙이 침범치 못한다.	5·6월 말이 온갖 즐거움을 만난 격이니 기쁨만 가득. 7·8월 말을 타고 홍진을 내달리니 남아가 뜻을 얻었구나.	9·10월 연못에 물이 말랐으니 때를 기다려야 한다. 11·12월 고기와 용이 함께 노니나 그 고하(高下)는 다르다.
843 이 괘는 대수(大畜)라는 뜻이 있다. 대수라는 것도 크다, 높다, 대단하다 라는 뜻이므로 친구가 모여도 좋은 친구가 모이고 모든 상대하는 사람마다 대인을 만나게 되므로 마침내는 큰 덕을 보게 된다는 운세이다. 또 절대로 악인과 소인은 멀리해야 된다.	1·2월 나는 기러기가 갈대를 물고서 어둠을 등지고 밝은데로 향한다. 3·4월 먼저는 어려움이 있겠으나 반드시 태평해진다.	5·6월 금실이 좋으니 하늘에서 스스로 도우리라. 7·8월 문장이 뱃속에 꽉차있으나 나타날 때가 아니다.	9·10월 목전의 작은 이익을 탐하지 말라. 후회하게 된다. 11·12월 임금과 신하가 서로 만났으니 연석에 취흥이 도도하다.
851 이 괘는 천년성이 허물어져 황토로 돌아갔다. '공든 탑이 무너졌다' 라는 뜻을 가지고 있다. 그러므로 늙은 부모가 있는 사람은 상을 입기 쉽고 그것이 아니더라도 매사에 노력과 정력만 쏟았지 이루어지는 일은 별로 없다는 좋지 못한 운세이다.	1·2월 이정표 없는 길에 신을 둘러메고 어디로 가는고. 3·4월 힘은 능히 산을 뽑을 수 있으나 어디까지나 인간은 인간이다.	5·6월 겨울엔 여름 옷을 입고 여름엔 겨울옷을 입으니 불균형. 7·8월 사방중에 서북간이 제일 좋은곳이니 그리 알라.	9·10월 마음이 뜬구름 같으니 백가지중에 하나도 못이룬다. 11·12월 길운이 돌아왔으니 너무 걱정할 것이 없다.
852 이 괘는 아직 좀더 때를 기다려라. 조급히 굴지말라는 뜻이 있다. 그렇다고 해서 실력이 모자란다는게 아니라 때가 아직 오지를 않아 세상 사람들이 알아주지를 않았다는 말이다. 그러므로 신선이 산에도 도를 닦는다는 말로 표현한 것이다.	1·2월 질병이 오기 쉬우니 건강에 조심할 것. 3·4월 용이 맑은 물속에 숨어 있으니 대기만성 하리라.	5·6월 우연히 만난 사람이 나중에 나를 이끌어 주리라. 7·8월 호랑이가 늙었다고 여우가 다듬비는 형상.	9·10월 덕을 쌓고 은혜를 베풀면 복록이 무한하리라. 11·12월 매사에 찬찬하라. 그리고 계획대로 하라. 그러면 길하리라.
853 이 괘는 탐타일두미 실각반년량(貪他一斗米 失却半年糧)이라 하니 즉 남의 쌀 한말을 탐내다 내가 먹을 반년치 양식을 잃는 격이란 뜻이 있다. 따라서 절대로 비리를 행하면 안되며 오히려 관재 구설이나 많은 비방 불리를 초래하는 뜻이 있으므로 주의해야 한다.	1·2월 밤길을 가다 햇불을 잃었으니 사방이 캄캄하다. 3·4월 뜻한 바 있어 일을 꾀하지만 능력이 부족해서 거두지를 못한다.	5·6월 원앙이 서로 지저귀는 까닭은 사랑이 오고 감이다. 7·8월 깊은산 골짜기에 길을 가르쳐줄 사람 누군가.	9·10월 욕심만 부리지 않으면 작은 이득을 보리라. 11·12월 험한 길을 지났으니 이제는 아스팔트 길이구나.
861 이 괘는 두가지 뜻을 겸해 가지고 있다. 이 두 가짓란 군자에게 대길하지만 소인에겐 불리하다는 뜻이 있다는 말이다. 그러므로 궁지에 빠진 사람을 남몰래 구해준다든가 하루에 한가지라도 착한 일을 하는 사람에겐 대길한 작용을 하게 된다.	1·2월 두손에 떡을 잡았으니 어느쪽 것을 먼저 먹을까. 3·4월 연못에 있던 고기가 바다로 나가니 지느러미가 힘차다.	5·6월 비가 왔다 개었다 도무지 하늘 뜻을 모르겠다. 7·8월 넓은 들에 오곡이 무르익었으니 풍년이로다.	9·10월 하늘 한가운데 달빛이 교교한데 그누가 혼자 거닐고 있네. 11·12월 소비 지출이 많겠다. 적당히 절약함이 좋겠다.
862 이 괘는 여자에게 특히 좋은 괘이다. 황상 원길(黃常元吉)이라 해서 자기가 큰 이익을 보지 않으면 남편이 출세하게 되며 자손에게도 경사가 있다. 젊은 여자는 결혼하게 되고 관리는 영전하며 상인은 이득을 보며 학자는 소망을 이루게 된다.	1·2월 이름이 공문(公門)에 걸렸으니 관록이 장차 다다르리라. 3·4월 정원 뜰에 난초가 푸르리니 이것이 곧 자식의 경사로다.	5·6월 좋은 새는 나무를 가려앉고 현명한 선비는 벗을 가린다. 7·8월 큰 일만 꾸미지 말라. 그러면 평안하리라.	9·10월 타인을 받아들이지 말라. 그로 인해 풍파가 일어난다. 11·12월 바닷속에 들어가 구슬을 얻었으니 기쁜 일이 있으리라.
863 이 괘는 드넓은 대지에 봄빛이 찾아와 어둡고 춥던 지난 모든 것을 해소시키고 노고지리 우짖는 희망찬 봄날을 연상케 하는 대길한 괘상이다. 농부는 씨앗을 뿌려 풍년을 기약하고 젊은 남녀는 결혼을 하여 부귀 다남하게 된다는, 말할 수 없이 좋은 운세다.	1·2월 쌓인 눈이 녹았으니 꽃필 날이 머지 않았구나. 3·4월 목마른 용이 물을 구했으니 그 조화가 무궁하다.	5·6월 영험한 까치가 이른 아침에 기쁜 소식을 전한다. 7·8월 천자만홍이니 이것이 바로 백가지 꽃색이로다.	9·10월 금당 옆 오동잎이 벌써 가을소리를 내누나. 11·12월 새는 하늘높이 날고 대어는 바닷속 깊이 노닌다.

알아둡시다

조상의 얼틀

훌륭하신 옛 OO고조할아버지 얼내림자리
훌륭하신 옛 OO고조할머니 OOO씨 얼내림자리
훌륭하신 옛 OO증조할아버지 얼내림자리
훌륭하신 옛 OO증조할머니 OOO씨 얼내림자리
훌륭하신 옛 OO할아버지 얼내림자리
훌륭하신 옛 OO할머니 OOO씨 얼내림자리
훌륭하신 옛 OO아버지 얼내림자리
훌륭하신 옛 OO어머니 OOO씨 얼내림자리
훌륭하신 옛 OO남편 OOO님 얼내림자리
훌륭하신 옛 OO부인 OOO님 얼내림자리
훌륭한 옛 OO아들 OOO의 얼내림자리

젯상차림표

	영정(돌아가신 분의 사진)			
	훌륭하신 옛○○아버지 얼내림자리			
메	술	수저	간장	국
고기	적	탕	생선	떡
나물	포	나물	포	나물 포
과일	과일	과일	과일	과일

향로　　퇴주그릇, 술병

축문 읽는 자리　주부자리　주인자리　술잔드리는 자리

※ 조상의 얼은 훌륭한 것이며, '옛'은 지나간 옛날이라는 개념이 아니라 돌아가신 분을 뜻한다. '얼내림자리'는 신령이 강림하실 곳(神主)라는 말이다.

※ '옛' 다음에 남자는 직함이나 아호를 쓰고, 여자는 직함이나 당호(堂號)를 쓰며, 만일 모두 쓰고 싶으면 길게 이어 써도 된다.

※ 얼틀은 왼쪽에는 남자, 오른쪽에 여자를 한 종이에 세로 방향으로 길게 내려 쓴다. 명절과 같은 합동 젯상에는 맨 왼쪽부터 고조부모, 증조부모, 조부모, 부모 순으로 놓는다.

※ 내외분 모두 돌아가신 젯상에는 메를 같이 놓는다.

※ 제사 음식으로는 술은 맑은 술을 쓰고, 과일은 복숭아를 놓지 않으며, 생선은 꽁치, 갈치 등 '치'자 들어간 생선은 삼가한다. 나물은 고사리, 도라지, 숙주나물 등을 쓰고, 탕은 홍합, 새우, 문어(오징어) 등을 쓴다. 포는 어포와 육포를 쓴다.

※ 제사음식을 차리는 데에는 융통성이 있으므로 위의 표가 정례이나 집안에서 지냈던 전례대로 차려도 좋으며 대체로 돌아간 분이 생전에 좋아하신 음식을 보기 좋게 차리면 된다. 조상님은 제사를 받아 잡수어야 저 세상에서도 영혼에 원기가 있어서 자손에게 많은 복을 내릴 수 있는 것이다.

PHONE & ADDRESS

NAME	Area NO.	HOME	OFFICE	FAX	Post No.
					☐☐☐-☐☐☐
					☐☐☐-☐☐☐
					☐☐☐-☐☐☐
					☐☐☐-☐☐☐
					☐☐☐-☐☐☐
					☐☐☐-☐☐☐
					☐☐☐-☐☐☐
					☐☐☐-☐☐☐
					☐☐☐-☐☐☐
					☐☐☐-☐☐☐
					☐☐☐-☐☐☐
					☐☐☐-☐☐☐
					☐☐☐-☐☐☐
					☐☐☐-☐☐☐
					☐☐☐-☐☐☐
					☐☐☐-☐☐☐
					☐☐☐-☐☐☐

PHONE & ADDRESS

NAME	Area NO.	HOME	OFFICE	FAX	Post No.
					☐☐☐-☐☐☐
					☐☐☐-☐☐☐
					☐☐☐-☐☐☐
					☐☐☐-☐☐☐
					☐☐☐-☐☐☐
					☐☐☐-☐☐☐
					☐☐☐-☐☐☐
					☐☐☐-☐☐☐
					☐☐☐-☐☐☐
					☐☐☐-☐☐☐
					☐☐☐-☐☐☐
					☐☐☐-☐☐☐
					☐☐☐-☐☐☐
					☐☐☐-☐☐☐
					☐☐☐-☐☐☐
					☐☐☐-☐☐☐
					☐☐☐-☐☐☐

PHONE & ADDRESS

NAME	Area NO.	HOME	OFFICE	FAX	Post No.
					☐☐☐-☐☐☐
					☐☐☐-☐☐☐
					☐☐☐-☐☐☐
					☐☐☐-☐☐☐
					☐☐☐-☐☐☐
					☐☐☐-☐☐☐
					☐☐☐-☐☐☐
					☐☐☐-☐☐☐
					☐☐☐-☐☐☐
					☐☐☐-☐☐☐
					☐☐☐-☐☐☐
					☐☐☐-☐☐☐
					☐☐☐-☐☐☐
					☐☐☐-☐☐☐
					☐☐☐-☐☐☐
					☐☐☐-☐☐☐
					☐☐☐-☐☐☐

PHONE & ADDRESS

NAME	Area NO.	HOME	OFFICE	FAX	Post No.
					☐☐☐-☐☐☐
					☐☐☐-☐☐☐
					☐☐☐-☐☐☐
					☐☐☐-☐☐☐
					☐☐☐-☐☐☐
					☐☐☐-☐☐☐
					☐☐☐-☐☐☐
					☐☐☐-☐☐☐
					☐☐☐-☐☐☐
					☐☐☐-☐☐☐
					☐☐☐-☐☐☐
					☐☐☐-☐☐☐
					☐☐☐-☐☐☐
					☐☐☐-☐☐☐
					☐☐☐-☐☐☐
					☐☐☐-☐☐☐
					☐☐☐-☐☐☐

PHONE & ADDRESS

NAME	Area NO.	HOME	OFFICE	FAX	Post No.
					□□□-□□□
					□□□-□□□
					□□□-□□□
					□□□-□□□
					□□□-□□□
					□□□-□□□
					□□□-□□□
					□□□-□□□
					□□□-□□□
					□□□-□□□
					□□□-□□□
					□□□-□□□
					□□□-□□□
					□□□-□□□
					□□□-□□□
					□□□-□□□

PHONE & ADDRESS

NAME	Area NO.	HOME	OFFICE	FAX	Post No.
					☐☐☐-☐☐☐
					☐☐☐-☐☐☐
					☐☐☐-☐☐☐
					☐☐☐-☐☐☐
					☐☐☐-☐☐☐
					☐☐☐-☐☐☐
					☐☐☐-☐☐☐
					☐☐☐-☐☐☐
					☐☐☐-☐☐☐
					☐☐☐-☐☐☐
					☐☐☐-☐☐☐
					☐☐☐-☐☐☐
					☐☐☐-☐☐☐
					☐☐☐-☐☐☐
					☐☐☐-☐☐☐
					☐☐☐-☐☐☐
					☐☐☐-☐☐☐

PHONE & ADDRESS

NAME	Area NO.	HOME	OFFICE	FAX	Post No.
					☐☐☐-☐☐☐
					☐☐☐-☐☐☐
					☐☐☐-☐☐☐
					☐☐☐-☐☐☐
					☐☐☐-☐☐☐
					☐☐☐-☐☐☐
					☐☐☐-☐☐☐
					☐☐☐-☐☐☐
					☐☐☐-☐☐☐
					☐☐☐-☐☐☐
					☐☐☐-☐☐☐
					☐☐☐-☐☐☐
					☐☐☐-☐☐☐
					☐☐☐-☐☐☐
					☐☐☐-☐☐☐
					☐☐☐-☐☐☐
					☐☐☐-☐☐☐

PHONE & ADDRESS

NAME	Area NO.	HOME	OFFICE	FAX	Post No.
					☐☐☐-☐☐☐
					☐☐☐-☐☐☐
					☐☐☐-☐☐☐
					☐☐☐-☐☐☐
					☐☐☐-☐☐☐
					☐☐☐-☐☐☐
					☐☐☐-☐☐☐
					☐☐☐-☐☐☐
					☐☐☐-☐☐☐
					☐☐☐-☐☐☐
					☐☐☐-☐☐☐
					☐☐☐-☐☐☐
					☐☐☐-☐☐☐
					☐☐☐-☐☐☐
					☐☐☐-☐☐☐
					☐☐☐-☐☐☐

PHONE & ADDRESS

NAME	Area NO.	HOME	OFFICE	FAX	Post No.
					☐☐☐-☐☐☐
					☐☐☐-☐☐☐
					☐☐☐-☐☐☐
					☐☐☐-☐☐☐
					☐☐☐-☐☐☐
					☐☐☐-☐☐☐
					☐☐☐-☐☐☐
					☐☐☐-☐☐☐
					☐☐☐-☐☐☐
					☐☐☐-☐☐☐
					☐☐☐-☐☐☐
					☐☐☐-☐☐☐
					☐☐☐-☐☐☐
					☐☐☐-☐☐☐
					☐☐☐-☐☐☐
					☐☐☐-☐☐☐
					☐☐☐-☐☐☐